EDITORA DO CONHECIMENTO

Auxiliando a humanidade a encontrar a Verdade

A Missão do Esperanto

Ramatís

com a participação do espírito

Atanagildo

A Missão do Esperanto

Obra mediúnica
ditada pelo espírito
Ramatís ao médium
Hercílio Maes

A Missão do Esperanto
Ramatís (obra psicografada por Hercílio Maes)

CONHECIMENTO EDITORIAL LTDA.
Fone: 19 34510143
www.edconhecimento.com.br
conhecimento@edconhecimento.com.br

Colaboraram nesta edição:
Mariléa de Castro
Paulo Gontijo de Almeida
Sebastião de Carvalho
Projeto Gráfico: Sérgio Carvalho
Ilustração da Capa: Banco de imagens

ISBN 85-7618-438-6 — 2ª EDIÇÃO - 2018

• Impresso no Brasil • Printed in Brazil
• Presita en Brazilo

Produzido no departamento gráfico da
CONHECIMENTO EDITORIAL LTDA
Fone: 19 3451-5440
e-mail: *grafica@edconhecimento.com.br*

Dados Internacionais de Catalogação na Publicação (CIP)
Angélica Ilacqua CRB-8/7057

Ramatís (Espírito)
A Missão do Esperanto / Ramatís com a participação do espírito Atanagildo; obra mediúnica ditada pelo espírito Ramatís ao médium Hercílio Maes. — 2ª ed. — Limeira, SP : Editora do Conhecimento, 2018.

ISBN 978-85-7618-438-6

1. Espiritismo 2. Psicografia I. Maes, Hercílio, 1913-1993. II. Título.

18- CDD — 133.93

Índice para catálogo sistemático:
1. Mensagens psicografadas : Espiritismo 133.93

Ramatís
com a participação do espírito
Atanagildo

A Missão do Esperanto

Obra mediúnica
ditada pelo espírito
Ramatís ao médium
Hercílio Maes
Revista por
B. Godoy Paiva

2ª edição — 2018

EDITORA DO
CONHECIMENTO

Obras de Ramatís editadas pela Editora do Conhecimento

Obras psicografadas por

HERCÍLIO MAES

• A Vida no Planeta Marte e os Discos Voadores – 1955
• Mensagens do Astral – 1956
• A Vida Além da Sepultura – 1957
• A Sobrevivência do Espírito – 1958
• Fisiologia da Alma – 1959
• Mediunismo – 1960
• Mediunidade de Cura – 1963
• O Sublime Peregrino – 1964
• Elucidações do Além – 1964
• Semeando e Colhendo – 1965
• A Missão do Espiritismo – 1967
• Magia de Redenção – 1967
• A Vida Humana e o Espírito Imortal – 1970
• O Evangelho à Luz do Cosmo – 1974
• Sob a Luz do Espiritismo (Obra póstuma) – 1999

Obras psicografadas por

MARIA MARGARIDA LIGUORI

• O Homem e o Planeta Terra – 1999
• O Despertar da Consciência – 2000
• Jornada de Luz – 2001
• Em Busca da Luz Interior – 2001

Obra psicografada por

AMÉRICA PAOLIELLO MARQUES

• Mensagens do Grande Coração – 1962

Obs.: A data após o título refere-se à primeira edição.

Sumário

Capítulo 1

Uma academia de Esperanto e sua modelar organização

PERGUNTA: — Através de algumas obras mediúnicas, temos sido informados de que existem no Além instituições especialmente dedicadas ao estudo do Esperanto e à sua divulgação na Terra, cuja organização e tarefas são ainda bem mais complexas do que as dos estabelecimentos educacionais do nosso mundo material. Essas informações não passarão, porventura, de esforços louváveis, dos espíritos, no sentido de incentivarmos o estudo do Esperanto, de modo a transformá-lo num idioma de caráter internacional?

ATANAGILDO: — Indubitavelmente, o programa de estudos, no "lado de cá", é bem mais importante e complexo do que imaginais. Ao invés de nascer de "idéias súbitas" ou de "estalos geniais" surgidos instantaneamente no cérebro dos homens terrenos, obedece a roteiros científicos, tal como se dá com as invenções e descobertas terrenas, que não passam de frutos de longo tempo e heróico devotamento dos espíritos dos mundos invisíveis.

PERGUNTA: — Há em vossa metrópole algum estabelecimento ou escola para o estudo do Esperanto?

ATANAGILDO: — Em todas as grandes comunidades espirituais que circundam astralmente os principais países da Terra existem círculos de estudos do Esperanto, pois que se trata de um idioma que, em verdade, deve interessar a todos os povos do globo. Na metrópole do Grande Coração há uma Academia de Esperanto, que é admirável instituição devotada ao estudo e à divulgação do generoso e fraterno idioma internacional. Os espíritos que vos têm feito ver a importância da língua Esperanto são entidades que devem merecer de vós o máximo respeito, pois pretendem colocar ao vosso alcance o mais admirável e divino recurso para o entendimento e a confraternização entre os homens, através da palavra.

PERGUNTA: — A revelação da existência de uma Academia de Esperanto, na metrópole do Grande Coração, desperta-nos certo interesse, pois, através das comunicações mediúnicas, só temos tido notícias sobre a existência de simples escolas, no Espaço, onde se estuda o Esperanto. Poderemos conhecer em detalhes a organização da Academia a que vos referis?

ATANAGILDO: — É um avançado estabelecimento de estudo e divulgação daquele idioma, pois atende a todas as necessidades dos amantes do Esperanto, quer sejam encarnados ou espíritos desencarnados. Ele administra um curso completo da língua Esperanto, com todos os detalhes de sua história desde a sua origem longínqua, bem como prevê todos os resultados futuros do progresso natural desse idioma, mantendo-se em incessante contato inspirativo com os esperantistas terrenos.

O título que lhe deram, de "academia", serve apenas para destacar o grau de sua responsabilidade na hierarquia dos trabalhadores esperantistas. O próprio espírito de Zamenhof teve oportunidade de orientá-la antes ainda de se encarnar na Polônia quando, em outras vidas, colhia entre as raças hebraicas e gregas, do passado, o material necessário para compor o idioma de que tratamos. A Academia de Esperanto, de nossa metrópole, é uma instituição eficientemente equipada para lograr completo êxito na disseminação do nobre idioma internacional na Terra. Ela estende a sua influência benéfica não só sobre alguns destacados esperantistas encarnados no Brasil, como sobre outros que também operam sob a inspiração dos postulados benfeitores do Espiritismo, em determinada zona geográfica sob jurisdição de nossa metrópole astral.

PERGUNTA: — Podeis descrever-nos a situação "astrográfica" da Academia de Esperanto, na metrópole do Grande Coração?

ATANAGILDO: — Ela está situada na zona oeste de nossa metrópole, onde se encontra o mais importante grupo de edifícios que compõem o bloco universitário. Esse bloco reúne as mais avançadas instituições de pedagogia científica, artística, filosófica e de moral espiritual, que ministram valiosas lições e traçam roteiros úteis e prudentes para os seus tutelados que devam renascer na Crosta para o fim de desempenharem missões de importância. Os espíritos filiados a essas instituições procuram obter o mais elevado apuro psíquico e assimilar a maior soma de conhecimentos compatíveis com a sua receptividade mental. Quase sempre são candidatos a encarnações no solo brasileiro, aceitando a incumbência de ampliar os conhecimentos espirituais terrenos. Alguns deles aceitam, então, a missão elevada de divulgar o Esperanto entre os vossos compatriotas. Os espíritos que aqui aportam, provindos de outras raças ou de outras comunidades astrais, desejosos de se encarnar na região geográfica do Brasil, supervisionada pela metrópole do Grande Coração, precisam fazer estágios de aprimoramento mental e de adaptação psicológica, nessas instituições educativas do conjunto universitário. Isso é necessário e exigível para o melhor êxito e mais breve integração e afinidade dos "emigrantes" desencarnados aos costumes brasileiros e à nova índole a que irão se adaptar no mundo físico. Trata-se de providência que, além disso, os ajuda a vencer o inevitável saudosismo espiritual, que ainda é muito comum a certas almas que trocam subitamente os seus velhos hábitos milenários e condicionamentos esposados noutros climas geográficos e os costumes humanos de vidas passadas.

PERGUNTA: — Quereis nos dar uma ideia mais clara da necessidade dessa adaptação psicológica, necessária aos espíritos que se reencarnam em ambiente físico diferente daquele a que se acostumaram em existências anteriores?

ATANAGILDO: — Sem dúvida, é bem grande a diferença de adaptação à vida terrena entre o espírito de um oriental, místico e introspectivo, e o tipo europeu ou americano, que é dinâmico e objetivo, quase sempre preocupado com a sua "independência econômica" no mundo provisório da carne.

Há grandes contrastes psíquicos e condicionamentos, provenientes de encarnações anteriores, que podem gerar muito desajustamento espiritual na alma excessivamente emotiva, quando reencarnada em ambiente oposto à sua índole e às suas emoções comuns. Então criam-se-lhe na alma estados de misantropismo e saudosismo improdutivos que acabrunham e oprimem, podendo levá-la a extrema melancolia.

PERGUNTA: — Não vos seria fácil dar-nos uma descrição mais detalhada da Academia de Esperanto, principalmente quanto à sua configuração ou ao estilo que foi escolhido em sintonia com a sua função linguística internacional?

ATANAGILDO: — O edifício da "Esperanto-Akademio" conserva em suas linhas o estilo grego, que faz recordar o gosto arquitetônico do século de Péricles, sob o toque mágico de Fídias. O seu interior é admiravelmente adaptado às necessidades educacionais dos espíritos que ali estudam o Esperanto já muito antes de nascerem no Brasil. É um estabelecimento apto para ministrar os mais avançados ensinamentos linguísticos do idioma neutro internacional, pois a sua função educativa estende-se bastante além dos mais avançados esforços educativos do século atual, preparando esperantistas para o território brasileiro, e que aí nascem já dominados pelo mais puro e santo ideal para com a causa.

Observando a "Esperanto-Akademio" do alto de um promontório, pareceu-me semelhante a pitoresca e gigantesca estrela do mar, estendendo sete ramos ou sete garras retangulares, cujos extremos são perfeitamente arredondados, assim como as pontas dos dedos humanos. Ao contemplar o edifício, ele lembrou-me a forma de imensa mão provida de sete dedos e espalmada sobre uma grande extensão de relva esmeraldina que, repleta de craveiros, violetas, verbenas e azáleas, formava encantador "oásis" cercado de bosques sedutores. Em torno desse gigantesco edifício, os canteiros estão prenhes de flores, circundando toda a sua base, na forma de coloridos cinturões que despedem reflexos luminosos e policrômicos, como punhados de pedras preciosas que houvessem sido banhadas pelo mais puro orvalho da manhã.

O centro do edifício assemelha-se a uma enorme coluna vertebral, pois ergue-se aí bojuda e larga torre, de uns sessenta metros de altura, talhada na substância delicadíssima e luminescente do astral e emergindo dentre suave polaridade de luz branca, que algumas vezes atinge a um terno matiz azul-lilás claríssimo. Dessa enorme torre redonda, que na verdade forma o "eixo" arquitetônico de todo o edifício, partem sete alas de edificações de 45 metros de altura, simetricamente separadas, rodeando-a por todos os lados, como se fossem raios desse eixo. No ponto de convergência das sete alas de edificações ergue-se majestosa cúpula de um creme pálido e de reflexos topazinos, que dá a ideia de um avantajado abajur, ou quebra-luz, de forma terráquea. Todas as sete alas de edificações estão separadas entre si por extensos jardins afunilados cujas flores, na sua maioria, são desconhecidas na Terra, pois evocam as figuras de taças, cálices ou chávenas de puríssimo cristal, impregnados de luzes e cores que se modificam em seus matizes e relevos florais, na conformidade dos ângulos em que são observadas e de acordo com o farfalhar produzido pela brisa.

Muitos grupos florais sobem enlaçados, na forma de cordões aveludados e transparentes, ultrapassando o nível das vastas janelas dos terceiros pavimentos dessas alas, curvando-se depois na figura de maravilhosos castiçais de volutas e filigranas translúcidas a sustentarem admiráveis buquês de flores, que só posso comparar a punhados de cravos suspensos e tecidos com fios do mais fascinante coral.

As alas da Academia de Esperanto avançam decididamente por entre formosos tabuleiros floridos, do solo, assentandose, assim, em delicadíssimos mantos de veludo esverdeados e pintalgado de flores cor de rubi, safira e topázio, que decoram a paisagem maravilhosa.

Elas emergem acima dos mais altos arvoredos e ligam-se artisticamente à torre central, que domina todo o panorama de vegetação colorida, fazendo ressaltar a sua cúpula impressionante sobre o verde-esmeralda dos bosques circunstantes. Sobre os umbrais das janelas espaçosas e refulgentes, que se cortam entre as paredes alabastrinas, as árvores mais altas fazem pender encantadores cachos de flores, que lembram as raras parasitas e orquídeas das florestas brasileiras, havendo algumas parecidas às espécies coloridíssimas que guarnecem os ipês floridos da Terra. A brisa faz tremular esses cachos de flores perfumadas, impelindo as correntes de ar balsâmico para o interior do edifício, que então se inunda da fragrância e da suavidade refrescante do zéfiro astral. As salas de estudos e de conferências tornam-se impregnadas de uma cor azul-celeste e outra róseo-lilás, que provêm de vibração fluídica do ambiente e se casam docemente sob o beijo amoroso da luz astralina. São cores indescritíveis, sob cuja influência fiquei extremamente sensibilizado, enquanto minha alma mergulhava na mais terna atmosfera de paz e ternura espiritual.

Diante desse admirável edifício que é a Academia de Esperanto, cujas linhas principais foram inspiradas na beleza helênica, não pude me furtar à evocação da saudosa Grécia, que fora para mim um dos mais lindos cenários no aprendizado espiritual, muito antes ainda da "descida" do inesquecível Nazareno às sombras do planeta Terra. Recordando o admirável esforço dos filósofos gregos — entre os quais também viveu Zamenhof, à procura da divina harmonia entre o pensamento e a sonoridade da palavra — eu descobria nas linhas majestosas da "Esperanto-Akademio", de nossa metrópole, um prolongamento feliz daquele passado ainda tão expressivo ao meu espírito, pois aquilo que os gregos não tiveram tempo de concretizar naquela época tão longínqua, os técnicos, mentores e estudiosos do Esperanto conseguiram realizar para o desenvolvimento do idioma internacional fraterno.

PERGUNTA: — Por que motivo a configuração arquitetônica dessa Academia foi inspirada no estilo grego e não nos das edificações do Brasil, o que seria muito mais simpático à comunidade brasileira do Grande Coração?

ATANAGILDO: — A maioria dos espíritos de nossa comunidade viveu muito mais tempo no Egito, na Índia e na Grécia, tendo se reencarnado só uma ou duas vezes no Brasil; por esse motivo, ainda é muito sensível à influência daqueles países. Em sua índole psíquica, os habitantes de nossa metrópole são mais gregos do que brasileiros; por isso, predominam bastante, em nossas edificações, as linhas fundamentais da arquitetura da Grécia, embora a metrópole seja particularmente habitada por espíritos desencarnados no Brasil e por alguns descendentes de povos que emigraram para esse território do vosso globo.

Esse o motivo por que na Academia de Esperanto e também no Palácio das Artes da metrópole dominam as linhas nobres da admirável arquitetura da civilização helênica, em cujo cenário se moveram as figuras grandiosas e impressionantes de Sócrates, Platão, Pitágoras, Apolônio de Tiana, Anaxágoras, Aristóteles e outros. O panorama astral de nossa tranquila metrópole, com suas recordações emotivas da pátria de Fídias e Péricles, harmoniza-se perfeitamente com a índole dos seus moradores, que ainda vibram ante as recordações da Grécia.

O espírito não tem nacionalidade; mas, apesar disso, não deixa de se sentir com predileção ou simpatia pelas paisagens onde se demorou mais tempo no aprendizado espiritual e formou os contornos mais vivos de sua consciência imortal.

PERGUNTA: — Não é obrigatório um estilo único na construção de outras Academias de Esperanto, que porventura possa ser levada a efeito em outras colônias astrais? Ou essas edificações só obedecem ao gosto arquitetônico e à índole psicológica dos seus fundadores? Neste último caso, o tipo da arquitetura não destoa do sentido internacional que tem o Esperanto?

ATANAGILDO: — Conforme já vos disse, as várias colônias espirituais que circundam a Terra foram fundadas no apogeu das civilizações chinesa, grega, hindu, egípcia e árabe; por isso, ainda conservam a sua velha "fundamental estrutura psíquica", que caldeia a sua índole artística e o espírito arquitetônico de suas antigas raças, mesmo quando renovam a sua paisagem no Além. Porventura, certos administradores públicos, terrenos, não levam a efeito construções de estilos arquitetônicos que lembram outras raças e cenários diferentes do de sua pátria? É uma preferência quase sempre ditada pelo seu psiquismo condicionado ainda às lembranças de velhas edificações do pretérito, assim como acontece com os espíritos dos antigos babilônicos e egípcios que, encarnados entre o povo norte-americano, devotam-se a uma arquitetura monumental e faraônica, que muito apreciavam no passado.

À medida que se organizam e evoluem as modestas instituições de estudo do Esperanto no Astral, vão-se edificando os seus edifícios de acordo com o estilo arquitetônico peculiar ao gosto e temperamento da maioria dos espíritos residentes na mesma comunidade, e não de acordo com um padrão especial. Em nosso atual estado evolutivo, ainda estamos muito distantes de uma vida puramente espiritual, porque ainda é bem reduzida a nossa libertação dos costumes a que tanto nos condicionamos na esteira dos milênios já vividos. Assim, os edifícios dos núcleos, centros de estudos, escolas, departamentos e academias de Esperanto que se disseminam pelas colônias e metrópoles astrais, embora se destinem ao mesmo objetivo, variam quanto ao seu estilo arquitetônico, que é escolhido de acordo com a índole psíquica de seus moradores, condicionada pelo passado. Nas diversas comunidades de espíritos, que circundam a Terra, existem academias de Esperanto edificadas desde o estilo árabe, chinês, egípcio, grego, hindu e até babilônico, persa e caldeu, bem como construções gigantescas, retilíneas e moderníssimas, talhadas vigorosamente na substância luminosa do astral. Estas atendem ao espírito da época em que viveis, e bem se poderia designá-las como instituições esperantistas mais funcionais do Além.

PERGUNTA: — Além do estilo arquitetônico da Academia de Esperanto de vossa metrópole, podereis nos descrever outros aspectos de sua configuração?

ATANAGILDO: — Em todo o edifício nota-se o toque de genial arquiteto, que tanto soube imprimir-lhe o estilo severo, o maciço e a estrutura arquitetônica grega, como casá-lo harmonicamente com as linhas dinâmicas, leves e fugidias das edificações modernas.

O majestoso edifício é servido por extensa e larga avenida, que parte do centro da metrópole e termina exatamente diante do grande portal da Academia. Assemelha-se a vasta pista de porcelana em cor topázio, cujos revérberos amarelo-claro refulgem entre os espessos tabuleiros de vegetação verde-seda luminosa, que se encontram marginando a avenida, formando encantadora moldura viva de suaves tons de carmim. O imenso portal do edifício dá entrada a um vasto patamar de cor cinza azulada e vítrea, todo circundado por suave escadaria esculpida num tom róseo-lilás, que lhe forma atraente moldura, como se fora a base de suntuoso monumento. Sobre esse extenso patamar, que mais se parece a admirável salão polido entre as frondes verdejantes, assentam-se sete colunas esguias, esculpidas com frisos de baixo relevo, suportando a cobertura gigantesca e confeccionada de uma só peça. Esta é imensa laje de vidro róseo cristalino e muito claro, onde a luz solar revela todos os relevos internos, fascinantes, cujo rendilhado indescritível deixaria boquiaberto o mais genial ourives terreno. Os bordados então se refletem sobre o solo polido, de cor cinza tênue, que se transforma num fascinante espelho a reproduzir os próprios relevos e as cores do gigantesco alpendre superior. Quando a brisa move os fluidos astrais que impregnam o ambiente, multiplicam-se os revérberos lilases, os tons rosa e salmão, casando-se aos ternos matizes de um azul-celeste que mais parece uma poeira de arminho irisado pelo sol e flutuando em torno das colunas alabastrinas. O portal majestoso, mas sem os exageros de suntuosidade inútil, situa-se no centro da fachada alabastrina, enquanto mais à sua frente se enfileiram, paralelamente, as sete colunas que sustentam a maravilhosa lousa de cristal róseo, da cobertura da área frontal.

Sobre o portal, que sempre está envolvido numa aura multicor, corre em toda sua extensão um friso rendilhado de arabescos e grinaldas finíssimas, em dois tons safirinos, claro e escuro; mais abaixo, formando a fronte grandiosa do portal, encontra-se o brasão esperantista da Academia da Metrópole do Grande Coração. Trata-se de uma formosa cruz talhada no mais belo azul que já me foi dado vislumbrar; na junção dos seus braços, encontra-se um grande coração de cor rosa, tendo no centro o globo terrestre, cujos oceanos estão decorados num tom esmeraldino, enquanto os continentes o estão em uma cor verde-claro, contrastando com o verde-escuro que representa os relevos do solo. Todo o conjunto desse atraente brasão destaca-se sobre um fundo formado por uma aura luminosa, que salienta suavemente os contornos da cruz azul-celeste, polarizando-a num matiz prateado e fazendo-a irradiar suaves reverberações contra a cor alabastrina das paredes do edifício da Academia. Na linha do equador desse globo terrestre, corre uma cinta em lilás bem claro, emoldurada por dois frisos finíssimos e argênteos; sobre a cinta, em letras de alto relevo e dum branco imaculado, lê-se a frase já tão consagrada pelos esperantistas terrenos: "O Esperanto é o Evangelho das Línguas". Mais tarde, deparei com outras frases semelhantes nos salões de estudos e labores da Academia, dentre as quais destaquei, principalmente, esta máxima: "O Esperanto é a sinfonia verbal do Espírito, através da instrumentação humana".

As colunas esguias são transparentes e alongadas, mas amplas nas bases, e erguem-se sobre sete coxins de substância astral marmorina; todas são interpenetradas de luz e fazem distinguir as suas graciosas volutas e relevos interiores, que sobem em movimentos preguiçosos até os seus ramos poderem se adelgaçar sobre os sulcos de finíssimos bordados, que então formam caprichosos bailados produzidos pelas espirais em torno dos capitéis superiores. Essas colunas alabastrinas se tornam também vivíssimas durante o dia, com as suas volutas e rendilhados a subirem internamente, na forma de cordões topazinos com folhas rosadas e lilases, que me fazem evocar as formosas orquídeas e as fascinantes parasitas silvestres das matas brasileiras.

Graças a uma técnica para cuja explicação não encontro vocábulos, todo o edifício esperantista permanece sempre imerso em suave aura de luz esmeraldina, que muito se deve à concentração energética em torno da sua cúpula creme-claro. Essa cúpula é um excelente captador de luz do Sol, e a canaliza para o interior da torre central, na forma de emanações balsâmicas que, em seguida, a torre irradia e distribui para as sete alas que se encravam na mesma. Assim como sucede, à noite, com a abóbada do templo da metrópole, a cúpula do edifício da Academia se assemelha a imenso quebra-luz luminoso, que enfeita toda a zona do Oeste, destacando-se na forma de atraente fonte de luz polarizada. Essa luz funde-se com a aura luminosa dos edifícios adjacentes, contribuindo admiravelmente para proporcionar uma claridade celestial ao florido subúrbio universitário. A Academia de Esperanto lembra a figura de majestoso palácio materializado pela magia de um poderoso gênio oriental, mas que soubera aliar em sua edificação a ternura do santo à genialidade do sábio.

PERGUNTA: — Os estudos e os trabalhos educativos

levados a efeito na Academia de Esperanto da metrópole do Grande Coração estão também a cargo de departamentos semelhantes aos do mecanismo pedagógico terreno? Ou se resumem em providências de natureza mental, e unicamente no plano inspirativo, devendo caber aos terrenos a tarefa principal do aprendizado?

ATANAGILDO: — A "Esperanto-Akademio", da nossa metrópole, subdivide-se em vários departamentos destinados a labores e estudos especializados, ligando-se às outras instituições e associações esperantistas que existem nas principais comunidades de espíritos desencarnados e pertencentes a outras raças também interessadas no estudo do Esperanto.

Nos múltiplos labores astrais, destinados à divulgação do idioma esperantista na Terra, congregam-se milhares de técnicos, filósofos, cientistas e historiadores que, depois de convenientemente preparados, devem renascer em várias raças terrenas e operar abnegadamente para o progresso do nobre idioma internacional. Quer encarnados, quer desencarnados, eles trabalham ativamente para o êxito da internacionalidade do idioma, ora apressando a divulgação do seu mecanismo verbal, ora participando de movimentos fraternos de elevada espiritualidade, que favoreçam a renovação cristã do cidadão terreno.

Na realidade, a "missão Esperanto" ainda não terminou porque, ao lado do progresso mental, artístico, científico e religioso do homem terreno, também surgirão novos matizes de beleza e de riqueza verbal, que só o idioma esperantista poderá traduzir através das altas inspirações dos seus mentores siderais.

PERGUNTA: — Qual a feição interna dessa Academia de Esperanto?

ATANAGILDO: — O interior de todos os compartimentos situados nas vastas alas que se prendem à coluna central do edifício é completamente translúcido; a luz astral, suave e balsamizante, transfere-se de um aposento para outro, com cuja fusão se produzem os mais formosos matizes coloridos. Conforme a natureza das emanações mentais e emotivas das criaturas ali presentes em sinfonias com os trabalhos em execução, o ambiente luminoso e colorido se influencia e se modifica vibratoriamente. Embora sempre persista um único matiz de luz ou uma cor particular a constituir o fundo luminoso do ambiente da Academia, em cada uma das suas alas se pode distinguir um tom de cor diferente e condizente com a sua função principal. É um matiz que se destaca sobre o fundo permanentemente colorido e luminoso de toda a instituição. A torre central do edifício também possui a extraordinária propriedade de absorver todos os matizes de cores que procedem dos aposentos laterais, para em seguida fundi-los numa só massa de luz de formosa cor sidérea, cujo encanto não me é possível descrever através da reduzida linguagem humana. Esse fenômeno admirável provém de um processo que os técnicos de nossa metrópole empregam para unir os campos vibratórios do ambiente de todos os aposentos de estudos e trabalhos, fazendo-os se transformarem num único padrão vibratório, como um só amplexo afetivo e energético que reúne as aspirações mentais e emotivas de todos os trabalhadores esperantistas.

Essa fusão das cores e do psiquismo das almas que ali estudam e colaboram termina compondo a "aura local", ou seja, o "tema psíquico" fundamental, que destaca a função e a natureza educativa da Academia de esperanto entre as demais instituições acadêmicas que compõem o bloco universitário da metrópole do Grande Coração.

Mais tarde, pude compreender melhor essa admirável fusão de cores e pensamentos dos operosos esperantistas desencarnados, que se faz em conexão com todo o ambiente majestoso da Academia, pois também significa um valioso ensaio psíquico capaz de impregnar afetivamente a própria aura da sublime mensagem confraternizadora, que é o Esperanto.

PERGUNTA: — Podeis nos explicar mais claramente de que modo as cores se tornam condizentes com os trabalhos realizados em cada sala da Academia?

ATANAGILDO: — Reconheço que não conseguirei fazer-vos compreender em detalhes este assunto, pois em nossa metrópole astral a técnica de ação e o tratamento da substância astral que nos rodeia não tem qualquer analogia com o que se faz nas esferas da Arte, da Ciência ou da Arquitetura do mundo material. Neste lado, atuamos na "origem" dos fenômenos, que só depois conheceis como "efeitos" de uma "causa" ainda desconhecida aos vossos mais abalizados cientistas. Aqui, a fenomenologia de nossas ações depende particularmente da luz astral, que clareia e interpenetra todas as coisas e seres do nosso ambiente, pois ela flui da própria intimidade da substância e, por isso, podemos manuseá-la sem produzir sombras ou deformações. Em nossa metrópole, a luz é o elemento principal que manipulamos para atender às necessidades de nossa vida e às relações com o meio ambiente. O mesmo sucede com o fenômeno da cor, pois, enquanto operamos com um elemento que consideramos o próprio "espírito" da cor, na superfície da Terra os homens lidam com a cor-substância, ou material, que se manifesta letárgica em sua configuração exterior, porque é justamente aí o ponto onde cessa a sua pureza iniciática. Enquanto a cor é estática e inerte para os sentidos humanos, ela se revela, à sensibilidade do nosso perispírito, em sua vivíssima pureza original, num efusivo espírito de vida, que transborda através das sombras mais espessas das formas materiais. O sentido encantador com que os técnicos siderais aplicaram a cor astral nos edifícios e instituições de nossa metrópole não se baseia exclusivamente nos contrastes mais ou menos densos de colorido, ou então apenas nas combinações de tons atraentes, como se faz na Terra. O fascínio indescritível de nossa cor provém mais de um aceleramento íntimo e energético que produz o acasalamento de duas ou mais cores porque, ao se unirem, proporcionam um novo "tema espiritual", que pode atuar e influir prazenteiramente na intimidade de todas as coisas e seres ao seu redor. Desse empreendimento que, no mundo material, resultaria apenas em mudança do colorido, se produzem aqui admiráveis alterações benfeitoras e que proporcionam vibrações venturosas no próprio psiquismo dos seus moradores. Aqui, a cor é aproveitada na sua própria frequência, que influi diretamente em nosso campo psíquico, ao invés de ser um efeito puramente decorativo e dependente exclusivamente da capacidade da visão física. Para vossa melhor compreensão, direi que o fenômeno se processa tal como se um cego, aí na Terra, penetrasse sucessivamente em vários aposentos coloridos, e depois pudesse revelar com segurança todas as emoções e júbilos que sentisse apenas pelas vibrações psíquicas das cores ali existentes. Com este exemplo, ser-vos-á mais fácil perceber quanto de importância e espiritualidade significa a disposição das cores em cada sala da Academia de Esperanto, de cujo processo se originam então determinadas condições psíquicas, que então se tornam mais eletivas a este ou àquele estudo.

PERGUNTA: — Gostaríamos de compreender ainda melhor essa vossa explicação sobre as características das cores que influenciam a Academia de Esperanto. Podeis atender-nos?

ATANAGILDO: — Pois não. Conforme a natureza do trabalho, estudo ou pesquisa que se realiza em cada sala da Academia de Esperanto, permanece nela a cor necessária ou predileta que mais se afina e compõe a atmosfera emotiva ou energética do ambiente. Mesmo no vosso mundo, não achais que o vermelho é excitante, o verde afável, o azul-claro sedativo e o roxo melancólico?

Essa salutar distribuição de luz e cor consegue despertar nos obreiros reflexões e estados de espírito que mais se afinam à natureza exata das tarefas e dos objetivos educativos em execução. E como todos os labores e problemas esperantistas executados e resolvidos nessas salas deverão receber exame e aprovação da administração da Academia, que se situa na torre central do edifício, é para ali que converge depois toda a atmosfera das sete alas — onde se situam as salas de estudo — que depois se funde numa só tonalidade, ou matiz, compatível com a natureza espiritual e a missão da Academia de Esperanto.

Mas repito-vos: o mecanismo que influencia as cores, a ponto de intervirem no psiquismo dos moradores de nossa metrópole, provém "da luz", que é a energia fundamental da vida superior, sob cujo toque todas as coisas e seres se vivificam e se renovam. Assim que logramos um nível espiritual mais alto, compreendemos que, em qualquer sentido e plano de manifestação, a Luz é, realmente, o principal motivo de vida.

Deus, em verdade, é luz, como disse o apóstolo João. Basta que assim digamos, e nos contentemos em saber que a Luz, em seu soberbo poder de alquimia espiritual, significa o misterioso plasma do próprio Deus.

PERGUNTA: — Poderíeis nos descrever a função específica de cada um desses departamentos de estudos ou de trabalho, existentes na Academia de Esperanto?

ATANAGILDO: — Não posso apresentar-vos uma exposição absolutamente minuciosa do assunto, pois sou ainda um modesto aprendiz esperantista, preparando-me para a próxima reencarnação. Não participo integralmente do trabalho dos departamentos da Academia, mas tão-somente do seu setor de propaganda.

Entretanto, poderei dar-vos uma ideia de suas funções principais, à altura de vossa compreensão, historiando a organização de seus departamentos, que são os seguintes.

I — **Departamento Histórico**: É o departamento da Academia que se preocupa muitíssimo com o estudo de todos os dialetos e línguas primitivas, faladas desde a Lemúria e a Atlântida, inclusive os idiomas sagrados das classes sacerdotais de todos os tempos, destacando-se principalmente o sânscrito, que sobreviveu em grande parte.

Devotou-se particularmente ao exame das línguas-tronco dos árias e demorou-se no estudo do latim, a fim de verificar a natureza precisa de suas raízes idiomáticas e selecionar os temas fundamentais mais apropriados, para consolidar as bases imutáveis do idioma Esperanto. Através de seus instrutores, foi esse departamento que inspirou Zamenhof, para que ele procedesse à sua genial escolha nas bases racionais latinas. Graças ao seu trabalho perseverante e histórico no estudo dos temas e vocábulos que se associavam para revelar a psicologia das raças, este setor esperantista muito pôde auxiliar ao departamento "psicofísico", que é o responsável pela dosagem psíquica do Esperanto em todos os povos simpáticos à língua internacional. O Esperanto, como idioma neutro e destinado ao serviço de toda a humanidade, carecia possuir uma aura psíquica seletiva, ainda incompreensível para os vossos sentidos, mas capaz de ajustá-lo internacionalmente a todos os povos, criando-lhes emanações de simpatia para com o psiquismo de cada raça humana que o aceite como sua língua auxiliar.

Certas vezes, os tradutores de um idioma para outro cometem equívocos tais, que chegam a mudar a ideia íntima de algumas palavras, por não poderem assimilar o pensamento exato do autor, que só é entendível pelo psiquismo comum de cada raça. Existem casos em que as mesmas exclamações que retratam a alegria, em certos povos, noutros países só servem para interpretar estados psíquicos de medo ou de susto. Daí a necessidade do trabalho conjugado entre o departamento histórico e o psicofísico, do Esperanto, de modo a não serem violentadas as tradições de raça, quando no uso do idioma internacional.

Houve necessidade de se harmonizar a função dos vocábulos esperantistas com o psiquismo de todos os povos, para que depois não ocorressem os inconvenientes comuns a certos idiomas, quando uma mesma palavra pode significar ideia antagônica ao ambiente de outro povo.

II — **Departamento de Fonação**: É o setor que mais se preocupa com a sonoridade do Esperanto, tendo-se devotado principalmente ao estudo dos acordes respiratórios e à sua ação conjugada com as cordas vocais, que são responsáveis pelo mecanismo natural da fonação humana. Empreendeu as mais inteligentes providências e exaustivas experimentações para evitar que a pronúncia do Esperanto se abastardasse num efeito ou vício puramente nasal, ou que então se tornasse excessivamente seca e árida, ou talvez de natureza puramente gutural. Muito antes de Zamenhof compor o Esperanto no mundo terreno, os técnicos desse departamento de fonação já haviam estudado a pronúncia dos principais povos e raças terrenas, examinando-a letra por letra, vocábulo por vocábulo e oração por oração, a fim de conhecerem todos os seus efeitos positivos e as modificações que deveriam se produzir, no futuro, através da combinação das palavras a serem articuladas no idioma Esperanto. E ainda hoje estudam os prováveis efeitos que, no terceiro milênio, hão de se verificar nas cordas vocais dos povos e raças sobreviventes à próxima seleção espiritual de "fim de tempos", quando então o Esperanto será um idioma consagrado por toda a humanidade terrena. Os experimentos e pesquisas desses técnicos geniais têm-se verificado principalmente em torno do "chacra laríngeo", ou seja, do centro de forças etéricas que se situa defronte à garganta física, bem próximo do "plexo faríngeo" (nervoso), à altura de seis milímetros sobre o conhecido "duplo etérico", que liga o perispírito ao corpo físico durante a encarnação do espírito. O chacra laríngeo, que já deveis conhecer e que os hindus chamam de "vishuddha", é o centro etérico responsável pelas atividades vocais e também pelas funções do "timo-tireóide". É tal a sua importância e valiosidade na voz humana, que durante a puberdade é ele que regula a voz nos jovens, entre a infância e a fase adulta; é muito ativo e brilhante nos grandes cantores, poetisas célebres e oradores famosos pela sua eloquência. A sua função é de suma importância no êxito e intercomunicabilidade do Esperanto; a sua cor é de um azul-claro, matizado de suave lilás, o que lhe dá um tom violeta, brando, mas o seu aspecto geral, quando em boa disposição funcional, lembra a tonalidade de formoso raio de luar pousado sobre o mar tranquilo. Mais tarde, sem poder esconder a minha surpresa, pude verificar que esse chacra se compõe de dezesseis "raios" ou dezesseis "pétalas", as quais, por sábia coincidência, se conjugam e afinam perfeitamente às dezesseis "regras" fundamentais do mecanismo internacional do Esperanto, revelando a mais curiosa e profética inter-relação vocálica, idiomática e fonética.

Os clarividentes terrenos bem desenvolvidos poderão vos comprovar que o chacra laríngeo tanto se acentua como se reduz em sua cor azul-claro fundamental, assim como varia em tamanho e luminosidade, influenciando-se conforme o potencial e a qualidade verbal da criatura humana. É um dos chacras que também influi muitíssimo nos demais centros de forças e nos plexos nervosos do organismo humano, porque o ato da materialização das ideias através da fonação é fenômeno que concentra todas as forças etéreo-magnéticas do perispírito, atuando em vigorosa sintonia com os demais centros etéricos reguladores das funções orgânicas. A sua função e o seu aspecto colorido modificam-se rapidamente e de acordo com a sonoridade, agudeza ou intensidade com que sejam pronunciadas as palavras pelo homem. Existe mesmo certa disposição peculiar ao seu funcionamento — já bastante conhecido e distinguido por alguns iogues e ocultistas exercitados — para produzir variações funcionais de conformidade com o próprio idioma e a psicologia de cada raça terrena.

Tive oportunidade de observar interessantes experiências no departamento de fonação da Academia de Esperanto, que comprovaram que os dialetos obscuros e a algaravia confusa de certos aldeões brutalizados costumam reduzir o diâmetro do chacra laríngeo até torná-lo do tamanho de uma moeda de um cruzeiro, fazendo-o apresentar um aspecto sujo e um tom azul índigo, sem luminosidade satisfatória e aparentemente sem rotação. Entretanto, graças a um admirável aparelho de projeção sobre uma tela vítrea, transparente, pude apreciar diversos efeitos belíssimos que se produziam pelo chacra laríngeo, quando famosos cantores terrenos, em suntuoso teatro latino, executavam trechos da ópera "Norma", de Bellini. O efeito foi surpreendente, quando o soprano atingiu o clímax da extensa ária da "Casta Diva", pois o seu chacra laríngeo, regulador da região vocal, devia ter atingido uns 20 centímetros de diâmetro, espargindo fulgores do mais fascinante e inconcebível lilás, que se emoldurava por uma aura de intensa luminosidade argêntea, como se fora um beija-flor imóvel no espaço, sustentado apenas pelo rápido movimento de suas asas. O pensamento da cantora fluía para as cordas vocais de sua laringe, na mais divina e perfeita comunicabilidade vibratória do seu espírito. Noutra experiência mais coletiva, senti-me extasiado diante de formoso quadro melódico que se me apresentou, quando os técnicos focalizaram o palco de outro teatro, na Itália, onde se representava a "Cavalleria Rusticana", exatamente no momento em que o coro executava a cena diante da igreja, cantando de modo calmo e reverente a encantadora melodia da "Regina Coeli", que fazia vibrar o ambiente sob o êxtase religioso. À altura da laringe de cada cantor componente do majestoso coro que precede o famoso "Intermezzo" da Rusticana, o chacra laríngeo se assemelhava a refulgente esfera, despedindo fulgores lilases e azul-claro, que eram alimentados pelos eflúvios mentais ajustados às mais altas vibrações da ideia musical daquele momento.

Isto me fez compreender o extremo carinho com que o departamento esperantista de fonação se devotou à pesquisa dos fenômenos desse centro laríngeo, quer quanto aos efeitos físicos que a pronúncia do Esperanto deveria provocar nos vários tipos de raças humanas, quer quanto ao seu comportamento ante a intensidade e fluência que fossem aconselhadas para a medida tonal e a sonoridade do idioma neutro.

O principal objetivo dos técnicos siderais foi o de harmonizar a pronúncia iniciática do Esperanto com as correntes etéricas e circulatórias do perispírito, que entre os ocultistas são muito conhecidas sob a denominação de "tatwas". Só depois que o perispírito, pela evolução humana, adquiriu o seu equilíbrio etérico-funcional, e que o seu chacra laríngeo sensibilizou-se para o controle e estímulo das combinações verbais, que seriam próprias do modo esperantista de falar, é que o Alto cogitou de enviar à Terra o espírito que mais tarde se chamaria Luís Lázaro Zamenhof, com a missão especial de materializar pela voz humana o idioma de há muito já cultivado no Além.

III — **Departamento da Composição Verbal**: É o departamento que se encarrega exclusivamente da aplicação específica das dezesseis regras fundamentais do idioma esperantista, quer quanto à sua natureza de fixação e suas desinências, tanto quanto ao caráter ativo e inativo dos verbos das vozes humanas e qualquer acréscimo de novos vocábulos autônomos. A sua ação tem se circunscrito particularmente ao estudo direto da composição léxica e ao da sintaxe do idioma, disciplinando o seu curso perfeito e a sua coerência no uso verbal do mundo físico.

IV — **Departamento "Psicofísico"**: É o órgão particularmente responsável pela entrosagem perfeita da "idéia fundamental" do Esperanto, ou seja, a orientação psíquica do idioma e o seu efeito na organização física do homem. Trata-se de um departamento essencialmente fiscalizador do exercício da linguagem no mundo material, pois ele apresenta sugestões, determina contínuas providências e inspira os cultores esperantistas encarnados, para que o idioma esteja sempre em condições de atender às necessidades filológicas e evolutivas da humanidade.

Assumiu a severa responsabilidade técnica de ajustar as articulações físicas do Esperanto ao molde facial do homem "selecionado" do terceiro milênio, e que será o profetizado cidadão resultante da próxima seleção espiritual à "direita" do Cristo, devendo fazer jus a um idioma severo e harmônico que, ao ser articulado, não lhe estigmatize a harmonia do rosto, nem lhe provoque esforços exagerados e esgares circenses, como ainda acontece com certos dialetos e línguas bastardas terrenas. Indubitavelmente, é fácil de se notar que as angústias, as insatisfações, os sofrimentos, as frustrações e os vícios perturbam muitíssimo a harmonia da face humana e marcam-na com sulcos e cicatrizes que são os estigmas produzidos pela mente enfermiça. As explosões de cólera não só tornam os olhos congestos e os lábios trêmulos, como fazem com que a fisionomia mais bela se torne hostil sob a atuação dos pensamentos agressivos. No entanto, quando predominam as qualidades do espírito sobre as paixões animais, o rosto humano se impregna de uma serenidade e beleza admiráveis.

Haverá enorme diferença na fisionomia seráfica de um Francisco de Assis, a face mística de Jesus e o rosto tranquilo de Buda, se a compararmos com a fisionomia congesta e mórbida de um Calígula, a face debochada de Messalina, a burlesca de Nero ou, então, o rosto brutal de um Gengis-Khan. Eis por que esse departamento esperantista, que é responsável pelas relações psíquicas e físicas do idioma internacional, especializou-se em proporcionar ao Esperanto uma articulação sob o menor esforço e sem perturbar a agradabilidade da expressão fisionômica humana. Isso era muitíssimo necessário, visto que se trata de uma língua de ordem espiritual superior, essencialmente eletiva às almas devotadas à confraternização de todos os povos.

Em resumo: cumpriu a esse setor de trabalho esperantista, no Espaço, a tarefa de evitar os esgares ridículos e as agitações fisionômicas no uso do Esperanto, que são muito comuns durante a articulação de certos dialetos dos povos neuróticos e exageradamente emocionais, cujo vozerio atropelado, conjugado à prodigalidade de gestos e expressões caricatas no falar, os ajustam perfeitamente aos seus idiomas bárbaros.

Num mesmo país, varia extraordinariamente a expressão verbal dos seus habitantes; na França e na Itália, por exemplo, é muito grande a diferença de musicalidade e delicadeza de expressão verbal, se a comparardes às algaravias derivadas dos mesmos idiomas, faladas pelos campônios rústicos. A humanidade do porvir encontrará no Esperanto o mecanismo ideal para interpretar verbalmente os seus pensamentos elevados, sem exigir-lhe alterações na fisionomia ou esforços respiratórios desordenados e entrecortantes. Graças à eliminação das dificuldades próprias dos excessivos grupos de consoantes, que ainda causam detestáveis discordâncias verbais em muitos idiomas terrenos, o esperantista não precipita nem acelera o mecanismo de sua língua, mas fala com distinta sonoridade e limpeza de expressão.

No departamento astral psicofísico da Academia, em salutar combinação com o departamento de fonação, foram examinados os mais débeis acordes respiratórios e os mínimos sons, para se chegar à composição da pronúncia geral do idioma. Os técnicos verificaram todos os principais efeitos sonoros que se deveriam produzir durante o maior ou menor ajuste das consoantes aos grupos vocálicos, assim como investigaram todas as modificações que certas letras e sons ocasionam na produção de hormônios do sistema de glândulas endócrinas e em outros sistemas orgânicos. Por ocasião de minhas encarnações no Egito e na Índia, eu já havia aprendido que a forte mentalização na pronúncia de certas letras isoladas, ou de vocábulos sabiamente agrupados, influi tanto na velocidade da corrente sanguínea como chega a produzir delicadas diferenças na própria temperatura do corpo físico.

A velha ciência dos "mantras", ou do exercício das palavras mágicas, muito cultivada pelos orientais, foi completamente analisada e autopsiada nesse departamento psicofísico da academia. Ali procurou-se conhecer todas as modificações vibratórias da sonoridade do idioma que pudessem ser produzidas nas cores e no magnetismo da aura humana, em combinação com o sistema de "chacras laríngeos" e suas relações com as demais funções do perispírito. É de tal importância a harmonia dos acordes respiratórios, durante a pronúncia dos tradicionais "mantras" orientais que, durante os transes efetuados por alguns faquires hindus, qualquer desajuste entre o controle da respiração e o ato de pensar e pronunciar o "mantra" é bastante para obscurecer-lhes o controle mental consciente que pretendem exercer a distância, em desprendimento astral. O retardamento respiratório durante a pronúncia de certos grupos vocálicos de qualquer idioma complexo cria um estado de toxidez ou carbonização intermitente, pois a demora de oxigênio, que faz acumular o anidrido carbônico, perturba a corrente circulatória e, em consequência, ofusca e reduz a função do "chacra laríngeo" e adensa o magnetismo do perispírito. Então o espírito já não pode mais exercer o perfeito domínio do seu sistema de fonação, e a sua linguagem titubeia, podendo mesmo serem percebidos os rápidos fenômenos da gagueira nervosa.

A conversação perfeita exige a sincronia exata dos movimentos respiratórios com a formação de cada palavra pronunciada, como acontece com os cantores, que precisam empostar a voz e possuir ótimo controle dos seus pulmões, a fim de manterem o perfeito equilíbrio do chacra laríngeo, que se situa vigilante entre o ato de "pensar" e o de "cantar". Os esgares fisionômicos de muitos aldeões intempestivos são produto do automatismo defeituoso dos seus dialetos irregulares e desarmônicos em pronúncia, tanto assim que certos vocábulos asiáticos chegam a tornar congesta a fisionomia dos seus intérpretes. Àqueles que já conhecem o efeito terapêutico da respiração iogue no organismo humano, será mais fácil compreender a razão do extremo cuidado que foi empregado pelos técnicos siderais para obtenção da sincronia do psiquismo ao campo orgânico físico, e isso muito antes de Zamenhof materializar o Esperanto na Terra e enfrentar o sarcasmo do presunçoso e cético cidadão terreno. Embora enalteçais a conquista técnica ou científica humana, no terreno da linguagem, haveis de convir em que a perfeição no falar também exige que o verbo se conjugue à preciosidade da harmonia psíquica do seu intérprete, fato de que Jesus foi um dos mais belos exemplos. O idioma Esperanto, que é mais eletivo e próprio das almas já dotadas de sentimentos fraternos elevados, não poderia ser um presente inusitado e miraculoso, feito extemporaneamente pelo céu à vossa humanidade descuidada. Ele foi idealizado no Além e depois plasmado no mundo da carne, sob o controle direto do governo oculto da Terra, assim que o homem se revelou capaz de entendê-lo racional e emotivamente.

Os divinos mentores da vida terrena há muitos milênios que vinham operando para que se registrasse o evento salutar da "voz humana" e, a par disso, a mais primitiva articulação da voz animal ainda exigiu prévio e cuidadoso plano para o seu êxito na matéria.

É evidente que, assim como a oração aquieta o ambiente psíquico coletivo, um vocabulário irritante, grosseiro e ofensivo perturba até o metabolismo dos nervos e do fígado, criando estados de melancolia e aflição.

E, como prova do efeito das palavras, notai que a oração antes das refeições estabelece certa harmonia vibratória psicofísica no ambiente, na forma de uma suave terapia verbal que, além de proporcionar a serenidade psíquica capaz de conter a turbulência mental e manter agradável disposição emotiva, desoprime o mecanismo produtor dos sucos hepáticos, e favorece os processos de digestão. Daí, pois, o motivo porque o departamento psicofísico da Academia de nossa metrópole pesquisou cuidadosamente o efeito que certas letras produzem sobre diversos grupos de vogais, quando oprimem e perturbam o ritmo verbal e acasalam sons impróprios, que depois repercutem no duplo etérico e no movimento do chacra laríngeo, resultando a modificação do fluido vital, a alteração da velocidade sanguínea e linfática, assim como a alteração do trabalho defensivo das supra-renais, o aceleramento da vesícula hepática e ainda alguns outros estados fisiológicos imprevistos e ignorados pela medicina comum. Há grande diferença de receptividade psíquica entre ouvirmos o dialeto atropelado e gritante do aldeão inculto e um poema declamado por insigne poeta, que pronuncie harmonioso conjunto de vocábulos de serena e cristalina musicalidade.

E o Esperanto, em verdade, é linguagem que reduz a velocidade no falar, pois não precipita vocábulos, exigindo o fiel ajuste da ideia à palavra e à sua pronúncia clara e agradável.

V — **Departamento Clássico**: Este setor esperantista é de ação mais propriamente para o futuro quando, pela exigência evolutiva do mundo, convenha ser posta em uso uma terminologia mais clássica e à parte, como um meio de fácil entendimento através de códigos de ordem técnica, científica ou artística do idioma internacional. Qualquer nova modulação verbal que convenha ser incorporada ao esperanto é objeto de cuidadosa atenção e estudo por parte desse departamento, como o responsável para que o ingresso de qualquer vocábulo autônomo não perturbe a lógica, a simplicidade, o mecanismo harmonioso e a internacionalidade do idioma. É mais um departamento fiscalizador das tradições e dos postulados esperantistas, sendo que, por isso mesmo, é o responsável pela fidelidade original e indestrutível do idioma.

Através da incessante inspiração que dão aos principais membros esperantistas, encarnados na Terra, e das instruções que lhes administram à noite, quando eles se desprendem do corpo físico, os responsáveis pelo departamento clássico asseguram a estabilidade da língua, não só oficializando necessidades justas, quando da introdução de novos vocábulos, como também sugerindo a eliminação do que lhes pode parecer incongruente.

VI — **Departamento de Intercâmbio e Divulgação**: É o departamento que se interessa especialmente por todos os espíritos encarnados no Brasil, ou que, desencarnados, sob a jurisdição da metrópole do Grande Coração, se mostrem interessados pelo idioma internacional elaborado por Zamenhof. Mas o seu labor também se conjuga, em perfeita harmonia e intercâmbio, ao de todos os demais núcleos, departamentos, burgos e Academias de Esperanto pertencentes às demais colônias e metrópoles astrais, que circundam os países terrenos e se interessam pelo Esperanto. Todos os departamentos de "Intercâmbio e Divulgação", das comunidades astrais, em torno da Terra, possuem a relação completa de todos os espíritos que estudam e divulgam o Esperanto na sua superfície material. Os seus membros exercem contínua observação sobre todos os poetas, escritores, linguistas e professores que no mundo físico manifestem qualquer simpatia pela língua, procurando exercer sobre eles a melhor influência possível e induzi-los a cultivarem definitivamente o Esperanto. É este departamento, responsável pelo intercâmbio e divulgação esperantista, o que mais se interessa em promover o aumento de adeptos, a fim de que o Alto, mais tarde, possa acelerar o êxito telepático da humanidade, coisa que só será possível depois do êxito de um idioma internacional.

Os nomes de todos os discípulos e simpatizantes esperantistas atualmente existentes na Terra e com propósitos de aprender o idioma encontram-se perfeitamente anotados pelos diretores espirituais interessados em todos os movimentos que auxiliem a maior divulgação da língua neutra. É justamente através desses departamentos, que se distribuem por várias cidades astrais, que os espíritos interessados no progresso esperantista no mundo físico podem se candidatar à reencarnação terrena, e para isso permanecem em contínua ligação e entendimento com as demais instituições responsáveis pela desencarnação e reencarnação na Terra. A fim de melhor exercerem o controle eficiente da "Missão Esperanto" entre os encarnados, eles tomam contato com todos os espíritos que "descem" à carne, e que porventura queiram aceitar alguma tarefa a favor do idioma internacional.

Os espíritos de nossa metrópole, candidatos a breves reencarnações na Terra, e que queiram cooperar aí na divulgação do Esperanto, precisam estagiar e fazer um curso rápido da língua esperantista, na nossa Academia, a fim de que ressurjam no mundo físico subjetivamente simpáticos à ideia de um idioma internacional. Enfim: o departamento de intercâmbio e divulgação propaga a língua Esperanto entre os encarnados e desencarnados, assim como arregimenta espíritos laboriosos e capacitados que desejem integrar-se às falanges esperantistas na Terra.

VII — **Departamento de Vigilância e Proteção**: É o departamento da Academia de Esperanto que possui valiosa equipe de espíritos tanto adestrados no idioma esperantista como na luta contra os contrabandistas das trevas. São espíritos treinados com a máxima eficiência, para protegerem todos os esforços e movimentos de divulgação e preservação do idioma fraterno no mundo terráqueo, quer no tocante à transmissão das ideias esperantistas do mundo espiritual para o mundo material, quer favorecendo o próprio intercâmbio mediúnico entre os seus adeptos encarnados. Os mentores esperantistas esforçam-se para que os desencarnados venham a ditar obras mediúnicas, em Esperanto, que versem sobre todos os assuntos de favorecimentos científicos, artísticos e principalmente da moral, ao homem terreno. A divulgação completa do idioma internacional descortinará novos panoramas no intercâmbio e entendimento com os próprios desencarnados, que mais facilmente poderão aprendê-lo no Espaço e se entrosar num labor mais amplo com todos os povos.

Este é um dos motivos que mais justifica a existência do departamento de "Vigilância e Proteção", pois que lhe cumpre a tarefa espinhosa de afastar do círculo doutrinário esperantista todos os espíritos desencarnados ou encarnados que porventura pretendam ridicularizar, dificultar ou subverter a divulgação e o êxito do Esperanto. É óbvio que as organizações trevosas têm por escopo reduzir-lhe as intenções nobres, servindo-se dos recursos mais astuciosos e das mistificações mais desapercebidas. Não só buscam falsear as bases esperantistas e entravar o seu incessante progresso, como ainda tentam minar o ânimo dos seus entusiastas defensores. Algumas vezes, os gênios trevosos têm inspirado a composição de outros idiomas artificiais, ou então sugerido a incongruência das fusões linguísticas, que só semeiam o ridículo e tendem a desiludir futuramente quanto ao êxito definitivo do Esperanto.

Mas o departamento de vigilância e proteção conta com vasta rede de filiados, que se distribui por todas as zonas adstritas à Crosta, sendo que alguns se submetem deliberadamente aos fluidos agressivos das regiões onde se situam as organizações do mal, a fim de conhecer e investigar antecipadamente o programa e as intenções desses adversários inescrupulosos. Da mesma forma, esse departamento também se filia aos outros departamentos de igual objetivo, que pertencem às demais instituições esperantistas existentes no Astral, de cuja cooperação mútua resulta um eficiente serviço em equipe.

Reconheço que é justo vosso espanto ante meus relatos sobre o Esperanto, coisa que também aconteceria comigo, se eu ainda estivesse encarnado, pois sei que é difícil e mesmo excêntrico acreditar-se que a divulgação de um idioma neutro, na Terra, e que para muitos é de somenos importância, deva exigir tais cuidados e vigilâncias, além de um exaustivo programa que teve sua origem há muitos séculos passados.

Mas o principal equívoco terreno consiste em imaginar todo o êxito do Esperanto como fruto exclusivo do labor de Zamenhof, como se numa única existência humana ele pudesse abranger o passado, o futuro e todos os detalhes psíquicos e mentais da humanidade terrena, a fim de compor-lhe um idioma que é um primor de exatidão e de avanço linguístico, essencialmente ajustado a todos os eventos psicológicos.

Entretanto, Zamenhof foi justamente a derradeira peça humana a ser movimentada no mundo físico, logo após a secular experimentação do grande plano na esfera astral, quando a humanidade se avizinha da sua profética seleção espiritual. É por isso que homens como Zamenhof, Kardec, e outros missionários de renovações espirituais coletivas, embora sejam muito sábios, também são muito humildes, pois no âmago de suas almas ainda se recordam de que são meros instrumentos de planos mais altos que vêm sendo elaborados através dos séculos e dos quais fazem parte milhares de outros cooperadores.

No entanto, a luta entre o bem e o mal, no ambiente do mundo astral, ainda é mais intensa do que na Terra, porque se processa no seio da energia livre, que responde com incrível rapidez a todos os nossos intentos e objetivos. As coletividades diabólicas, que residem nas zonas sombrias, também possuem o seu programa de ação e de ofensiva disciplinada, pois são habilmente dirigidos pelos gênios trevosos. Uma vez que não podem invadir e dominar as zonas angélicas, aplicam-se tenazmente à finalidade exclusiva de dominar o mundo de sensações, que é a Terra. Vingam-se, pois, opondo-se a todos os projetos e empreendimentos de natureza espiritual superior, que tenham por objetivo libertar o homem terreno das algemas do instinto inferior. E o Esperanto, que é um idioma internacional de aproximação fraterna e de alto nível psíquico, é então um dos movimentos bastante visados por esses espíritos rebeldes ao Bem, que se opõem ao progresso de uma língua que, nao só apressa o intercâmbio e a cultura espiritual entre os homens, como também auxilia o intercâmbio e o entendimento entre as nações terrenas, que tanto se excitam belicosamente, por não poderem se harmonizar através de seus idiomas antagônicos.

Daí também a existência lógica de um "Departamento de vigilância e proteção" na Academia de Esperanto, e que se destina a neutralizar as campanhas difamatórias e os sarcasmos dos demolidores da ideia esperantista. Por isso, ele requer numeroso grupo de almas decididas e heróicas, que penetrem até nas zonas trevosas mais profundas e se antecipem a muitos projetos manhosos desses espíritos das sombras.

Capítulo 2

A missão do Esperanto na Terra
(Esclarecimentos de Ramatís sobre o assunto tratado por Atanagildo)

Prezado irmão RAMATÍS:

Acabamos de receber do vosso companheiro de trabalho, Atanagildo, o último capítulo de sua obra A Sobrevivência do Espírito. Cientes de que colaborastes com Atanagildo para que a obra em questão se pudesse revestir de clareza e alcançar a alta finalidade que tem em vista, gostaríamos que vos manifestásseis pessoalmente sobre os últimos capítulos dessa obra, que se referem ao Esperanto, e que julgamos de alto valor para a humanidade terrena que se interessa pelo cultivo e disseminação daquele idioma. Nessa conformidade, desejaríamos que respondêsseis a algumas indagações nossas no sentido de se dar ao assunto um esclarecimento ainda mais minucioso sobre a finalidade do Esperanto. Podereis atender-nos?

RAMATÍS: — Cumpro sempre o sagrado dever de ficar à vossa disposição, para vos esclarecer em assuntos de magna importância para a alma, pois é tempo de o cidadão terrícola conhecer a razão de sua própria existência e também o grau de sua responsabilidade espiritual para com a vida criada por Deus. Indagai, pois, e atender-vos-ei naquilo que for justo e razoável para melhor compreensão de vossos espíritos.

PERGUNTA: — Em face das informações do irmão Atanagildo, sobre as minuciosas providências tomadas no Além até para a composição de um dialeto terreno não se poderá dizer que com isso fica bastante diminuído o apreço que devemos aos filólogos que estudam a origem da palavra e das línguas? A Etimologia, por exemplo, não representa um importante e completo estudo da palavra, por parte dos terrenos?

RAMATÍS: — A Etimologia tem de fato por função, no vosso orbe, o estudo da origem e da razão da existência de cada palavra e sua significação; mas é evidente que ela se relaciona especificamente ao caráter material da palavra e ao seu som. No entanto, os técnicos espirituais se preocupam principalmente com o fundamento espiritual da palavra, ou seja, com a profundeza da raiz do verbo, em que se oculta a força íntima da palavra. Quando dizeis o "Verbo", o "Logos" ou a "Palavra", na realidade estais dizendo a Lei, o Espírito das coisas criadas ou a ideia original da Vida, que permanece oculta nessa enunciação. Na própria expressão bíblica "O Verbo se fez carne e habitou entre os homens", está implícita a ideia de que o Espírito corporificou-se em forma visível aos sentidos humanos. Daí, pois, a necessidade de se realizar no Além um estudo que parece incompreensível ao vosso entendimento de encarnados, mas que é profundamente científico e se relaciona diretamente com o "espírito" de cada palavra e se estende, então, ao idioma da qual ela participa.

PERGUNTA: — E sob o vosso entendimento espiritual, como considerais o Esperanto em relação ao nosso atual progresso moral, científico e espiritual?

RAMATÍS: — Só agora o Esperanto atinge a sua fase mais importante e, também, a mais promissora. Nenhum outro idioma poderá substituí-lo e nenhum esforço futuro poderá superá-lo no seu mecanismo genial, pois foi elaborado cientificamente por alma experimentadíssima no gênero linguístico, como é o espírito de Luís Lázaro Zamenhof. Ele foi sempre um dos mais avançados linguistas que se encarnaram no vosso orbe e já havia tido oportunidade de estagiar em outros mundos mais evoluídos, onde estudou as bases fundamentais e definitivas para o êxito de um idioma de ordem universal na Terra. Em encarnações anteriores, ele viveu na Hebréia, na Grécia e no vale do Tibre, na Itália, a fim de concatenar pouco a pouco os elementos fundamentais e descobrir a terminologia necessária que mais tarde serviria para o estabelecimento definitivo do Esperanto.

Em face do acatamento que tem tido o Esperanto por parte dos cientistas do século XX, da sua sobrevivência através do tempo e da incessante adesão de novos e entusiastas adeptos ao seu admirável mecanismo lógico e sensato, está visto que se trata de uma nobre realização superior, pois já triunfou no tremendo impacto da lógica e da razão superdesenvolvida da era atômica. E, além de ter resistido às mais implacáveis exigências modernas que já têm destruído os mais sólidos tabus, dogmas e crenças tradicionais dos séculos — o idioma esperantista progride e se dissemina pelo mundo terráqueo, estendendo o seu fraternal vocabulário a todos os povos e impondo-se pela grandeza de seus postulados inalteráveis.

PERGUNTA: — Em síntese, por que motivo considerais o Esperanto como capaz de se tornar um idioma internacional ou de uso comum a todos os povos? Qual o motivo de sua força e resistência às investidos da crítica malévola e sarcástica que lhe têm feito alguns povos interessados em que o seu idioma nacional seja o definitivo veículo internacional?

RAMATÍS: — A perfeição linguística do Esperanto é devida principalmente ao fato de haver sido realização de um cérebro tão amigo da lógica e da ciência quanto o foi o admirável e sensato raciocínio de Kardec na codificação do Espiritismo. Alguns cientistas de renome, do vosso mundo, já reconhecem que o Esperanto é uma obra-prima de lógica e simplicidade, significando um evento de tanta importância na esfera linguística quanto o foi a descoberta da energia atômica na esfera científica. A sua reduzida gramática, isenta das regras que tanto fatigam a mente do estudante, torna o Esperanto um primor de racionalidade e um monumento de habilidade e inteligência, que ainda mais se engrandece com a sua ortografia fonética e a sua sintaxe de uma simplicidade surpreendente. Ele tem tudo que é necessário para se ajustar aos imperativos do século dinâmico em que viveis, onde tudo é feito às carreiras e o tempo é parcimonioso para o entendimento humano, motivo por que os pensamentos precisam ser resumidos em poucos vocábulos. O estudante do Esperanto, em lugar de fatigar a sua memória para se lembrar de regras gramaticais envelhecidas e complicadas, por entre um labirinto de acentuações gráficas e reformas ortográficas, que exigem grande cuidado para que se possa expor o pensamento sem o risco de críticas, encontra no Esperanto um sistema claro e regular que o torna um admirável e mágico multiplicador de palavras sob a mais encantadora simplicidade.

É um dos mais avançados mecanismos verbais à disposição do homem moderno, bastando-vos acionar as teclas fáceis e conhecidas de suas bases inalteradas para que, à semelhança do que se dá com as modernas máquinas de calcular, possais obter imediatamente os resultados que desejais sem que vos fatigueis cerebralmente. Apesar de o Esperanto ser tão simples e fácil, só no século XX é que os homens estão se revelando mental e cerebralmente dinâmicos para poderem articulá-lo e compreendê-lo com clareza e êxito, visto que ele não é apenas um idioma compilado inteligentemente por um homem genial, mas, sim, uma síntese resultante do progresso milenário da linguagem humana até os vossos dias.

PERGUNTA: — Aliando-se ao ideal esposado por Zamenhof, o Esperanto tornar-se-á realmente um idioma preferido por todos os povos e raças terrenas, vencendo as naturais reações muito comuns às raças egocêntricas?

RAMATÍS: — Não tendes percebido que o labor dos esperantistas se assemelha muito ao trabalho empreendido pelos apóstolos, quando de sua sacrificial missão para divulgação do Evangelho de Jesus? Eles são homens em sua maioria desinteressados de quaisquer proventos, pois trabalham com abnegação e gastam suas existências no esforço tenaz e corajoso de expor o ideal do Esperanto; alguns não só empregam nisso o seu tempo precioso, como também o seu dinheiro, sem fins utilitaristas. As obras esperantistas mais divulgadas no vosso orbe nasceram de doações e esforços particulares, marcados pelo desinteresse, fortalecidos pelo espírito heróico e pelo desejo puro de se disseminar um idioma neutro e confraternizador. Através dessa divulgação nobre e generosa, permanece vivo e se alimenta um sonho crístico de concórdia, esperança e confraternização verbal entre todos os homens. Evocando o trabalho heróico dos primeiros cristãos, muitos dos quais tornaram a se reencarnar como novos apóstolos do idioma esperantista, devo dizer-vos que este movimento é imune a qualquer desânimo, mordacidade, prejuízo ou sacrifício. Os seus divulgadores são dominados por um anseio ardente e uma fé tenaz, que realmente é capaz de levá-los a demolir montanhas e obstáculos tremendos, para o êxito completo de obra tão meritória. Suas almas treinadíssimas, do passado, sempre estiveram presentes e acostumadas aos surtos das grandes realizações espirituais em favor da humanidade, tendo se sacrificado heroicamente para a glória da arte, da ciência, da religião e da moral espiritual. O Esperanto há de concretizar o ideal esposado por Zamenhof, justamente porque aqueles que hoje o divulgam, à custa de heroísmos, sacrifícios e prejuízos, são os mesmos que já divulgaram outras ideias benfeitoras no pretérito e alcançaram a meta idealizadora, porque tudo fizeram com abnegação em favor do Bem e do Amor fraterno.

PERGUNTA: — Justamente por se tratar de um trabalho do Espaço, surpreende-nos o dispêndio de tantos séculos no mundo espiritual, para que ele se corporificasse a contento na face da Terra. Qual a razão disso?

RAMATÍS: — É desculpável que, ainda na matéria, não possais avaliar o cientificismo e o labor avançado, que são exigíveis para se poder aperfeiçoar e divulgar um idioma de natureza internacional entre as contradições humanas e os interesses tão diversos no seio dos povos egocêntricos. Trata-se de algo mais importante do que uma simples forma verbal para as relações humanas; é missão a ser realizada no ambiente terreno, ainda preso pelas algemas das paixões animais, e que não é capaz de entender a essência íntima do Esperanto que, além de sua expressão idiomática, ainda é avançada mensagem espiritual fraterna endereçada a todos os povos. Como o terrícola só pode perceber pelos cinco sentidos o aspecto exterior das coisas fenomênicas da matéria, ainda crê que todo progresso humano seja simples "obra da Natureza", assim como a criação de um idioma deva ser fruto apenas do progresso dos encarnados. A vida e sua admirável metamorfose significa para ele apenas um produto disciplinado do "acaso", ou então o resultado de um toque mágico da "providência divina" que deve se encontrar sempre à disposição dos desejos humanos. Ele ignora que, no mundo invisível aos sentidos humanos, os prepostos de Deus operam devotadamente durante vários milênios, para só então conseguirem pequeninos êxitos que são então plasmados no cenário das formas terrenas.

Quantos esforços e trabalhos incessantes foram necessários, nos séculos findos, para que se criasse ambiente favorável e um momento psicológico para Newton descobrir a lei da gravidade, após a singela queda de uma maçã ou, então, para Colombo poder se aventurar corajosamente à procura de terras para além do misterioso oceano. Para muitos encarnados, tudo isso não passa de algum espontâneo concatenamento de elos explicáveis pela ciência ou, então, de simples coincidência atribuída à Natureza ou ao acaso. O homem terreno sempre viu caírem maçãs todos os dias; outros sempre saíram mar afora para efetuar seus negócios, sem que nenhum descobrisse algo de importante; no entanto, Newton e Colombo descobriram leis e terras que revolucionaram os povos e as ideias do Velho Mundo.

Da mesma forma, dificilmente podereis avaliar o montante de esforços, raciocínios e experimentações que os técnicos linguísticos do Astral despenderam para que neste século, de maior entendimento mental, surgisse no cérebro de Luís Lázaro Zamenhof a ideia de compor um idioma internacional e abençoado, como o é o Esperanto. Evidentemente, parecer-vos-á que houve demasiada demora nos mundos astrais para se terminar a tarefa prosaica de se divulgar um idioma fraternista no mundo físico, e que assim mesmo só é preferido por um diminuto contingente humano. No entanto, o fenômeno comum, de uma bolota se transformar em carvalho — embora exija um cento de anos para isso —, dependeu de muitos milênios de experimentações inteligentes das quais essa suposta e miraculosa Natureza se serviu para transformar a pedra em vegetal.

PERGUNTA: — Podeis nos apresentar um exemplo mais objetivo desse trabalho, que muita gente atribui à Natureza, mas que se realiza através de planejamentos tão longos e minuciosos, e que são incessantemente supervisionados pelos espíritos desencarnados?

RAMATÍS: — O homem desconhece ainda o trabalho de fórmulas e planos que se conjugam à heróica disciplina e à sabedoria sideral dos trabalhadores espirituais que operam nos bastidores dessa tão famosa e mecânica Natureza, considerada como espontaneamente criadora por alguns terrícolas. Em tudo que vedes, pensais ou sentis, há sempre um espírito diretor, em incessante atividade criadora, como divino sustentáculo das formas exteriores e transformáveis, do mundo provisório, permitindo que este cumpra a sua finalidade abençoada de modelar as configurações, que ativarão novas consciências individuais dos filhos de Deus.

Assim é que, por detrás do cisco que fertiliza a rosa, do monstrengo que será o fascinante beija-flor, do feio embrião que se transformará num Apolo ou, então, em sedutora mulher, sempre operam espíritos inteligentes, responsáveis e propulsores da vida exterior. No sussurro do vento, no pio do pássaro ou no balbuciar da criancinha permanece constante o espírito, vivificando e compondo essas manifestações na matéria. É por isso que notais um sentido inteligente e criador nessa tão delicada Natureza.

Aqui, a semente atirada ao seio da Terra germina, cresce e se desenvolve, desatando a árvore e vestindo-a de folhas e flores, até produzir os frutos desejados; mais além, os pássaros tecem os seus ninhos, deitam ovos e deles nascem filhotes impedidos de voar; mas eles se empenham, cambaleiam, fracassam e recomeçam seus esforços atendendo à ansiedade de se locomover, para depois se alarem quais flores vivas, pelo espaço cerúleo afora. Ali, ínfimo filete d'água desliza pelo solo ressequido, umedece a areia, cava a pedra rude e rompe o solo até torná-lo em vultoso abismo, por onde então mergulha na forma de caudaloso Amazonas. Acolá, a criança surge materializada no ventre materno, move-se, engatinha, tomba, ergue-se, num punhado de anos, produz a "Divina Comédia", o "Don Quixote" ou a "Sinfonia Coral" ou, então, constrói os colossos metropolitanos, ilumina o orbe, sulca os ares e domina os oceanos. Quando se desveste do traje carnal, pode reinar e comover o mundo, na figura de um Crisna, um Buda, Francisco de Assis, ou o sublime Jesus. Até no singelo mover dos lábios da criança ansiosa por transmitir o seu pensamento, concretiza-se o resultado de ideias e planos elaborados gradativamente pelos milênios afora. Mesmo para esse mover de lábios, foi preciso que alguém primeiramente pensasse, planejasse e agisse para materializá-lo no cenário das formas do mundo transitório.

Imaginai agora as providências milenárias e os extremos cuidados que de há muito tempo vêm empreendendo os prepostos divinos, para que a humanidade terrícola pudesse lograr o êxito do Esperanto e usá-lo como divino linguajar, para se adaptar sem alterações aos mais diferentes climas psicológicos e aos mais diversos equipamentos de formação das raças humanas.

Quantas experimentações exaustivas, correções infindáveis e sustentação espiritual têm-se sucedido no decorrer desse longo tempo, a fim de que o Espírito do Esperanto lograsse atingir essa unidade coesa e indestrutível, sobrevivendo no seio dos povos mais heterogêneos e resistindo à natural tendência de deformação linguística.

Olhai vossas mãos, por exemplo. Que vedes? Apenas dois membros que vos servem docilmente e atendem a todas as necessidades e exigências da vossa vontade a elas transmitida pelo cérebro. Elas alcançam a virtuosidade artística, quando seus dedos, movendo-se rapidamente sôbre o teclado do piano ou segurando o arco do violino, transformam miraculosamente os sons mais heterogêneos em acordes primorosos e melodias inesquecíveis.

Para o homem comum, essas mãos não passam de um produto natural da gênese espontânea da Natureza, enquanto o cientista sentencioso explica que são apenas uma consequência natural e milenária da evolução do protozoário até a forma humana, através do trabalho de seleção e aperfeiçoamento da espécie animal. Raras criaturas avaliam a docilidade de suas mãos ao obedecerem prontamente às mais sutis exigências do espírito, articulando os seus dedos no trabalho que se lhes requer, como servas submissas a qualquer capricho da mente encarnada. Essas mãos, à simples ideia de que vão servir para esbofetear alguém, estremecem como aves encolerizadas, mas também se revestem da mansuetude das pombas, e se embebedam de um fluido amoroso, quando apenas pensais em abençoar alguém. Elas são um prolongamento vivo da vossa própria personalidade e falam uma língua inteligível às almas percucientes; estendem-se lânguidas e enleiam-se; tremem, reagem, pousam, erguem-se, vibram e falam em sua linguagem silenciosa e impressionante, plasmando tudo o que o vosso espírito pensa, deseja, e quer transmitir.

Mas quantos milênios foram necessários para que os admiráveis técnicos siderais, na noite dos tempos, tivessem podido planejar e criar essas mãos. Quantos departamentos siderais trabalharam sob a visão carinhosa de milhares de espíritos ligados à Mente Divina, unicamente para que o terrícola pudesse usufruir atualmente das bênçãos dessas mãos valiosas.

Como consequência, podeis avaliar a dificuldade da gênese de um idioma internacional, como é o Esperanto, que foi alvo dos mais devotados cuidados e esforços do plano sideral para que, ao atingirdes o século XX, possuísseis o encordoamento vocal exigível para o articulardes com êxito. Acresce-se ainda que o Esperanto, além de sua singeleza fonética, é idioma que contém a mensagem iniciática do amor universal devendo, por isso, intensificar a harmonia de relações e entendimentos pacíficos entre os habitantes da Terra, assim como o Evangelho, pela via interna do espírito, também cumpre a missão de despertar o homem espiritual para a revelação de sua consciência angélica.

Assim como foram precisos muitos milênios para que a rígida barbatana do peixe atingisse a maravilhosa expressão das mãos humanas, também foi preciso longo tempo para que os primeiros gritos articulados do primata das cavernas fossem desenvolvidos e transformados no admirável órgão da palavra, que atualmente se flexiona sob a musicalidade e a justeza do Esperanto. Não resta dúvida de que só agora o homem terreno apresenta condições precisas no seu aparelho de fonação para poder se amoldar à língua esperantista, que representa uma das mais avançadas conquistas filológicas de objetivos fraternos e de entendimento internacional.

Embora o Esperanto seja um idioma simples, o homem terreno não poderia aprendê-lo subitamente, antes de saber articular com facilidade as suas cordas vocais, regulando-as habilmente com a sua respiração pulmonar. O Esperanto é a cúpula genial de um grandioso edifício linguístico, de entendimento entre toda a humanidade, e o seu alicerce foi lançado há incontáveis milênios, quando o troglodita envidava heróicos esforços para articular o primeiro vocábulo original da linguagem terrena.

Zamenhof, eleito no céu para a glória da paternidade do Esperanto na Terra, foi o sublime artista que materializou em sinais gráficos e em sons orais essa sublime esperança de completo entendimento entre os homens.

PERGUNTA: — Várias vezes Atanagildo fez referência a equipes de técnicos, professores e estudiosos de instituições e academias esperantistas, no Astral. Se o Esperanto é uma língua tão simples no seu mecanismo verbal, por que exige tanta preocupação no Além?

RAMATÍS: — Mesmo o mais rudimentar dialeto falado no vosso mundo material mereceu cuidadoso estudo e atenção de abalizados linguistas da esfera espiritual. A linguagem humana não é mero produto de circunstâncias acidentais, mas uma resultante da linguagem de muitos temperamentos psíquicos que, antes de se encarnarem, já a articulavam no plano mental e astral e que, mais tarde, e na devida oportunidade, puderam materializá-lo através da laringe carnal. Mesmo o grito inexpressivo do animal é um efeito do psiquismo coletivo que dirige a sua espécie e incentiva para os experimentos e fenômenos de relação com o meio.

PERGUNTA: — A insistência de nossas indagações a esse respeito é porque, em face de o Esperanto ser tão fácil e simples, fazíamos ideia de que deveria ter sido elaborado, no Além, sem muitas preocupações técnicas e funcionais. Estamos equivocados nestas reflexões?

RAMATÍS: — Porventura o Evangelho não é um código de leis cristãs tão simples, elaborado há quase dois mil anos? No entanto, embora já vos encontreis no século XX, o terrícola ainda se sente imaturo de espírito e incapacitado para se integrar definitivamente nos postulados dessa mensagem tão sublime. Quantos milênios hão transcorrido e quantos precursores de Jesus já palmilharam a Terra, preparando-a para que o homem lograsse assimilar as máximas evangélicas tão benfeitoras. Não vemos motivos, pois, para que subestimeis o labor espiritual do Além, referente ao Esperanto, apenas porque é um idioma fácil e simples. Evidentemente, ele não possui a quantidade prolixa de vocábulos familiares às línguas das nações mais adiantadas do vosso mundo, porque a sua linguagem, em verdade, é portadora de melhor expressão verbal firmada nos experimentos milenários.

Daí, pois, o volume de estudos, pesquisas e experimentações que se aliaram à vultosidade do trabalho dos espíritos esperantistas de todas as comunidades astrais junto à Terra, pois não se trata de um simples dialeto, nem de linguagem própria de um povo ou de uma raça, mas de idioma internacional e neutro, elevado à categoria de doutrina verbal, capaz de acelerar o espírito de confraternização entre toda a humanidade terrena.

A ideia de uma língua internacional não surgiu de improviso entre vós, como decorrência natural de evolução da humanidade terrestre, pois ela é tão velha quanto o homem. Como já dissemos, quando o primata ainda ensaiava os seus primeiros vocábulos, na forma de gritos inexpressivos, os mentores do orbe terráqueo já estudavam, no Além, os pródromos de um idioma neutro e internacional, que pudesse atender, com eficiência, à média do tipo humano superior, que seria o produto do evento da sexta raça-mãe, em formação, e a penúltima do planeta Terra.

PERGUNTA: — O Esperanto, porventura, não poderá se transformar num dialeto?

RAMATÍS: — Tanto entre os mentores siderais do orbe como entre os encarnados no mundo terreno, permanecerão sempre intactos a disciplina e o plano iniciático que é responsável pelo cumprimento rigoroso dos princípios fraternos e internacionais do Esperanto. Assim como as esferas científicas, filosóficas e mesmo religiosas promovem os seus congressos e movimentos de caráter internacional, para que sejam preservados e mantidos os seus postulados fundamentais e as realizações de sua responsabilidade, também esses congressos, aliás já comuns entre os esperantistas, serão organizados continuamente, para que o idioma fique imunizado contra qualquer influência ou vício decorrente de dialetos e línguas heterogêneas. Sob a inspiração do Alto, sempre hão de se reunir homens sábios, filiados espiritualmente às instituições esperantistas do Astral, para que sejam fiscalizadas e mantidas as bases imodificáveis que hão de garantir a homogeneidade da língua neutra e internacional.

PERGUNTA: — Os mais abalizados filólogos costumam dizer que as línguas não são nem podem ser criações caprichosas, à parte, mas sim fruto da própria vida dos povos, reproduzindo a sua psicologia e os condicionamentos do meio.

RAMATÍS: — Se assim é, o Esperanto é uma comprovação cabal de tal conceito, pois se uma língua deve atender à índole psicológica e à vida íntima dos povos ou das raças, tornando-se o seu mecanismo verbal e ortográfico, capaz de interpretar o seu conteúdo artístico, filosófico, técnico e moral, é claro que um idioma que deve servir a todo o planeta Terra também exige que as suas bases principais se identifiquem e se afinem com a psicologia de toda a humanidade.

Não conhecemos nenhum outro idioma vivo ou morto que sirva para interpretar fielmente as ansiedades e a psicologia de todos os homens, pela razão de que sempre há de se tratar de língua exclusiva de um povo ou de uma raça e que, por mais evoluída que seja, não servirá para os demais, pois é a expressão de um conjunto psicológico isolado.

Mesmo que a humanidade adotasse como veículo universal da palavra uma língua nacional, tomada da raça mais desenvolvida do planeta, ainda assim seria preciso que todos os povos aceitassem espontaneamente um idioma estranho à sua pátria, deixando-se submeter docilmente ao jogo verbal estrangeiro, o que é impossível em vosso mundo. Demais, para não ferir os brios patrióticos, o desejado idioma neutro teria que se construir com um pouco de vocábulos de cada povo ou das diversas línguas existentes, para então se tornar num mecanismo verbal temperado ao gosto internacional. Mas seriam precisos muitos séculos para que esse duvidoso "cozido" heterogêneo se transformasse no sonhado acordo linguístico para toda a humanidade. Será muito difícil vingar um idioma produto da ideia excêntrica de se misturar um punhado de vocábulos de cada povo, a fim de se formar um "coquetel" verbal que pudesse atender a todas as necessidades raciais e ainda possuir tal quimismo filológico que evitasse praticar-se qualquer descaso nacional para com outra raça.

Ante a belicosidade e a desconfiança dos homens e das nações terrenas, que se atritam pela vaidade, ambição, orgulho, caprichos e nacionalismos tolos, podeis avaliar quão difícil se tornaria harmonizar tantos pensadores e patriotas tão acirradamente nacionalistas e nunca universalistas, para que concordassem em admitir o uso exclusivo de um idioma estrangeiro, só porque possuísse um pouco de vocábulos do seu próprio idioma pátrio. Eis por que a língua Esperanto é a preferida e cultivada por aqueles que já ensaiam os primeiros passos de confraternização mundial e aproximação espiritual. Ela se afina principalmente com os homens que, religiosos ou não-religiosos, são desapegados de racismos, nacionalismos e patriotismos isolacionistas. É que o caráter neutro do Esperanto, e a ausência nele de princípios racistas ou nacionalistas, fazem com que não ofenda os sentimentos patrióticos de nenhum povo, pois, em lugar de ser uma língua internacional excêntrica e confeccionada com vocábulos selecionados dos principais idiomas predominantes, ela se firma nas raízes idiomáticas que justamente deram origem a todas as línguas do mundo. As principais raízes do Esperanto vêm do tronco indo-europeu, que é o berço pródigo de todas as línguas expressivas, constituindo-se, então, na fonte idiomática ou bases primitivas que servem ao Esperanto.

PERGUNTA: — Mas o Esperanto parece baseado apenas no latim; não é mesmo?

RAMATÍS: — O latim, além de se derivar de uma língua-tronco comum aos idiomas ários, figura como principal veículo de relação entre o celta e o grego, estando em afinidade com a atual civilização, pois esta também é oriunda das populações brancas primitivas, da Ásia e da Europa, que compõem a família indo-germânica ou indo-européia. Eis por que Zamenhof recebeu do Alto a incumbência de firmar as bases internacionais do Esperanto sobre dois terços das raízes do latim, um terço das do germânico e o restante sobre as raízes de outros idiomas já consagrados. Assim, os luminares descendentes desses árias, que de princípio eram os detentores da linguagem nobre e sagrada do sânscrito, também continuarão a interessar-se pelo Esperanto, a fim de que se torne o idioma internacional fraterno do terceiro milênio, identificando com sucesso a mesma ansiedade espiritual de toda a humanidade.

PERGUNTA: — E não teria sido mais acertada a escolha definitiva do latim para idioma internacional, uma vez que é a fonte mais rica das raízes do Esperanto? Os próprios sacerdotes católicos não se socorrem do latim não só como seu idioma familiar e de fácil entendimento como quando se ausentam dos seus países? Que nos dizeis a respeito?

RAMATÍS: — Sob o mesmo raciocínio, cremos que não se justificaria o uso do carro de boi nas estradas asfaltadas do século XX, isto é, na época em que predomina o uso do automóvel de alta velocidade, que melhor atende às necessidades de transporte nas metrópoles.

Acresce que é muito trabalhoso o aprendizado do latim e difícil a assimilação de sua gramática complicada e repleta de regras. Embora o latim tivesse tido sucesso e servisse à humanidade no passado, atualmente os seus vocábulos não se prestam bem para vestir as ideias avançadas, dinâmicas e inéditas, que germinam no século XX, por efeito do progresso científico, artístico e filosófico do vosso mundo. Servindo-nos de uma expressão pitoresca, diremos que a língua latina necessitaria ser "escovada", refundida e plastificada, para então se tornar uma engrenagem flexível, rápida na pronúncia e exatíssima na sincronia do escrever e falar, pois em sua forma original retardaria a interpretação da multiplicidade crescente dos pensamentos da era atômica.

Mas, supondo que fosse viável essa reforma, o latim se tornaria esdrúxulo, deformado e verrugoso, requerendo estudos à parte, a fim de se poderem conhecer as razões das reformas intempestivas nele introduzidas, muitas das quais seriam até inconvenientes à língua.

Para se compor uma língua universal, a lógica aconselha que ela seja eufônica, simples e gramaticalmente fácil, com escolhido conjunto de vocábulos de perfeita internacionalidade na pronúncia e no escrever. Indubitavelmente, ainda é o idioma Esperanto o único capaz de corresponder a tais exigências pois, além de límpido na sua composição vocabular, fácil no seu aprender, simples na sua pronúncia e grafia, ele é absolutamente neutro quanto à sua origem idiomática.

PERGUNTA: — Por que motivo o "Volapuk", que chegou a fazer certo sucesso como língua artificial e de caráter internacional, não vingou satisfatoriamente, apesar de se tratar de um idioma neutro?

RAMATÍS: — Embora o Abade Schleyer, criador do "Volapuk", pretendesse dar-lhe um sentido universal ou internacional, não o conseguiu por 0não ter podido torná-lo um idioma fácil e acessível a todos os povos e, principalmente, aos menos dotados de cultura. O "Volapuk", além de não oferecer margem para ser aprendido tão rapidamente como o Esperanto, carecia de uma qualidade: a singeleza. Para certos tipos de raças e seus modos de falar, o "Volapuk" era de difícil aprendizado, pelo seu complexo vocabulário de palavras reduzidas. O Esperanto, no entanto, à semelhança do próprio Evangelho de Jesus, que é doutrina de sentimento e de aplicação universal, é facílimo de ser aprendido pois, por se manter no limite de suas 16 regras, não apresenta o problema das exceções nem o das irregularidades gramaticais. Tratase de um idioma claríssimo e futuramente empregado por alguns milhões de criaturas da mais rudimentar cultura, para as quais bastará apenas um pouco de tino e de cooperação mental. Em virtude de cada letra do Esperanto corresponder exatamente a um som e este perfeitamente a cada letra escrita, esse idioma dispensa o trabalho complexo de se editarem vocabulários de pronúncia, o que já se tem feito para muitas línguas bastante divulgadas, mas que exigem que se pronunciem determinados grupos de sílabas de modo bem diferente daquele com que se costuma lê-las ou escrever. Os radicais que formam a coluna vertebral da língua esperantista são de índole internacional e podem ser identificados em todos os principais idiomas do mundo. O aprendizado do Esperanto dispensa até o conhecimento de qualquer língua viva ou morta, porque ele é um idioma neutro, emancipado e flexível, capaz de atender a qualquer exigência humana. É o idioma ideal para atender às exigências verbais do homem moderno, o qual, à medida que multiplica os seus pensamentos, encontra mais dificuldade para conseguir situá-los na complexidade dos idiomas terrenos que, apesar da quantidade de seus vocábulos, não têm a qualidade admirável da síntese verbal esperantista.

O Esperanto será de alta relevância no próximo milênio, constituindo a língua básica de todas as escolas e povos, além de que, em futuro já previsto pelo Alto, há de ser o veículo verbal, definitivo, do entendimento psíquico e emotivo entre os homens. Atualmente significa a preliminar da verdadeira linguagem do homem terrícola que, em futuro previsto pelos Mentores do orbe, cultivará com facilidade o intercâmbio telepático, como coroamento de todas as experimentações linguísticas.

PERGUNTA: — Sabemos que, no intuito de se conseguir um idioma internacional, já se verificaram outros esforços nesse sentido, assim como já têm fracassado outros movimentos semelhantes. O Esperanto há de obter um êxito que outras línguas artificiais e tentativas idiomáticas não conseguiram lograr até o momento? Poderá ele sobreviver aos entusiasmos e ardores das primeiras horas, livrando-se também das dificuldades psicológicas na sua divulgação, escapando ao que já tem acontecido com outras tentativas de adoção de línguas neutras?

RAMATÍS: — Os mentores esperantistas das comunidades astrais de maior importância estão intimamente coligados com as várias raças terrenas e operam em conexão com os próprios encarnados, conduzindo a bom termo o evento do idioma do futuro homem terreno. Embora se despendam na Terra outros esforços louváveis, do mesmo gênero, falta-lhes a unidade íntima com que o Alto selou o Esperanto, para ser o idioma de uso definitivo no planeta terráqueo. Embora essas tentativas devam ser aceitas como projetos louváveis de confraternização humana, há a considerar que, algumas vezes, só atendem a disposições acanhadas de alguns grupos humanos, ainda incapazes de realizar um programa definitivo, endereçado a toda a humanidade.

As autoridades espirituais responsáveis pelo advento do Esperanto explicam que os idiomas internacionais cuja divulgação na Terra tem fracassado representam respeitáveis balões de ensaio construídos por almas dignas e inspiradas por louváveis sentimentos de fraternidade. Naturalmente, elas se sentiram tocadas pela voz do Alto, que trabalha incessantemente pela unificação da humanidade terrena, que mais rapidamente há de se espiritualizar, desde que consiga se servir de uma só língua.

Indubitavelmente, ainda surgirão outros esforços para se compor algum novo idioma internacional, talvez como fruto de indisfarçável nacionalismo através do qual possam predominar os vocábulos de nacionalidade ou de simpatia dos seus autores, aliás tentando mesmo superar a lógica das raízes do Esperanto. Sempre haverá adeptos para novas línguas ou tentativas idiomáticas de finalidade internacional; mas, em face do progresso crescente e da divulgação incessante do Esperanto — que já se encontra bastante favorecido pela facilidade que oferece ao povo mais simples, de aprendê-lo em poucos meses —, esses movimentos linguísticos terminarão se cristalizando na forma de dialetos, embora com visíveis intenções de internacionalidade. Poderão contentar alguns grupos iniciáticos e também atrair as simpatias de alguns povos estudiosos, mas ainda serão insuficientes para corresponder à multiplicidade de exigências de todos os povos da Terra.

PERGUNTA: — Já tivemos contato com alguns estudiosos que afirmam dever ser a língua atlante a mais alta expressão linguística de entendimento futuro entre os povos terrenos, tendo em vista a sua grande importância espiritual, pois serviu em muitos templos religiosos do passado. Informaramnos de que já existem mais de 12.000 vocábulos atlantes devidamente catalogados e traduzidos, para se atender às necessidades de um novo idioma internacional futuro, e que muito breve será conhecido do mundo profano. Que dizeis a tal respeito?

RAMATÍS: — Se é por isso, então o sânscrito seria o idioma mais indicado, porquanto, além de conhecido há mais de 2.500 anos e ainda preservado nas escrituras sagradas dos hindus, é proveniente do ramo asiático das línguas arianas. É a antiga linguagem sagrada dos brâmanes, que dois mil anos antes de Cristo serviu aos vedas, da qual derivaram o cigano, o páli, o indostano e numerosos dialetos e línguas que ainda são faladas atualmente. Quanto à língua atlante, convém que vos lembreis de que a Atlântida, país que existia além das colunas de Hércules, em seguida às lendárias "portas douradas" — de cuja civilização ainda existem vestígios entre os egípcios, astecas, incas e na região ática —, embora represente um dos povos importantíssimos do passado, em seus últimos tempos de existência abastardou muito o seu idioma, pela sua decadência moral e cultural. É indubitável que a língua é um reflexo dos estados morais, mentais e espirituais da alma coletiva; decai, pois, quando degeneram os povos ou as raças que a falam. Em consequência, a restauração do idioma atlante implicaria em se conjugarem valores idiomáticos que já se abastardaram e estão em desuso, incapazes de atender ao clima mental e psicológico dos povos modernos. O homem do século XX necessita cada vez mais de um idioma que possa interpretar com fidelidade e em síntese vocabular a sua atual ligeireza de pensar; esse idioma deve ser algo como um recurso verbal panorâmico, que agrupe grande quantidade de ideias sob reduzidas expressões gráficas ou sonoras. O vocabulário da língua atlante, embora tenha servido no passado a um povo de certo progresso espiritual e mental, é insuficiente para fazer a cobertura da multiplicidade de ideias e qualidades dos pensamentos modernos. Como rude exemplo, imaginai que um homem rejeitasse o avião para fotografar o panorama de uma região, preferindo para isso subir aos telhados das casas, obrigando-se a exaustivos esforços parcelados, para depois compor o quadro geral. O Esperanto, no século atual, é como a aeronave servindo ao intercâmbio entre os povos: rápido, flexível e fácil. É um mecanismo verbal que atende com êxito à dinâmica mental da humanidade moderna. Evita ao homem o excessivo número de palavras para registrar cada ideia e fato, porque abrange muitos pensamentos heterogêneos sob inteligentes chaves verbais.

PERGUNTA: — Quereis nos explicar melhor esse assunto?

RAMATÍS: — A velocidade com que a humanidade pensa, no século XX, ultrapassa rapidamente a sua capacidade de empregar todos os vocábulos necessários para exprimir o total das ideias pensadas. Não é a possibilidade de se possuir um vocábulo específico e adequado, para expor cada ideia gerada no cérebro, o que realmente garante o êxito de qualquer idioma internacional, mas sim o uso de prefixos ou sufixos ajustados às raízes fundamentais de um idioma simples e flexível, como o é o Esperanto, que há de solucionar essa crescente velocidade do pensamento do homem atual.

Na conformidade do simbolismo do século atômico, o Esperanto é realmente o idioma que melhor se ajusta à vida de vossa humanidade; as suas regras e suas raízes fixas, idiomáticas e simples, prenunciam, também, a singeleza espiritual da vida futura do terrícola. Nenhuma outra língua poderá atender com tanta precisão, e sem se deformar, à exigência de uma mesma pronúncia fonética em qualquer clima das relações humanas. O efeito claro de suas terminações, que indicam se o vocábulo é substantivo, adjetivo ou verbo no presente, no passado ou no futuro, torna o Esperanto a língua ideal para corresponder ao vulto das relações e exigências psicológicas sempre crescentes na Terra. O inevitável processo de entendimento telepático — que há de ser natural, no futuro, como consequência da evolução humana e da maior afinidade entre os homens — tem na parcimônia das palavras esperantistas um verdadeiro curso preparatório.

Assim, enquanto se pretende criar idiomas internacionais sobrecarregados de vocábulos, que hão de continuar a se exaurir mentalmente, pela excessiva memorização de tantas palavras, a base do Esperanto constitui-se sensatamente de mais ou menos um milheiro de vocábulos fáceis e adaptáveis a essa multiplicidade do pensar moderno, sem que precise socorrer-se de quaisquer idiomas estranhos, que depois lhe acarretem excrescências ou a adoção de neologismos antipáticos.

Ainda que, para se atender à terminologia científica, técnica ou outra qualquer, se adicionem ao Esperanto novas palavras que mereçam a sua incorporação ao idioma, elas não perturbarão a sua função principal, visto que não influirão nas suas bases e regras imutáveis, absolutamente imunes à saturação vocabular. Aliás, isso não seria possível de se evitar em qualquer idioma internacional que, de início, já tivesse suas bases constituídas de mais de 12.000 vocábulos, a caminho da mesma saturação verbal própria das línguas complicadas. A atual propensão humana é a da síntese, e a da redução, portanto, das longas digressões oratórias, para se servir apenas de chaves verbais que sejam rapidamente entendíveis pela associação de ideias e pelo ajuste telepático cada vez mais consagrado pela tradição verbal.

PERGUNTA: — Poderíeis nos dar uma ideia mais clara dessa redução de vocábulos, que pode definir muitas ideias e favorecer um processo de rápido ajustamento telepático?

RAMATÍS: — A complexidade e o dinamismo da vida terrena, no atual século XX, fazem com que vivais num lustre aquilo que vossos avoengos não puderam viver em uma centena de anos. Isso obriga-nos a reduzir e a eliminar da linguagem humana tudo aquilo que seja de menos importância e facilmente subentendível, por cujo motivo acentua-se cada vez mais o uso de abreviaturas ou de "chaves verbais", que passam a fazer a cobertura de muitas ideias — sem entretanto as reduzirem ou sacrificarem — numa espécie de pitoresca taquigrafia oral. Mesmo reduzida a quantidade de vocábulos, não se perde a multiplicidade de ideias que, por esse sistema, ficam resumidas no falar ou no escrever.

Como exemplo corriqueiro, estais vendo, a cada passo, que se estende pelo vosso mundo o gosto pela redução dos longos títulos das repartições públicas, das autarquias, das sociedades comerciais ou industriais, já se usando abreviaturas na forma de apenas uma sigla ou uma chave formada pelas letras principais de uma sociedade ou de um setor administrativo.[1]

Essas abreviações não só evitam desperdício de palavras e perda de tempo em extensas descrições, como desenvolvem a mente a caminho da telepatia, pois que a ideia exata de uma enunciação se consagra pela associação de outras ideias suplementares.

PERGUNTA: — Mas que tem a telepatia com isso?

RAMATÍS: — Quando se pronunciam tais abreviaturas ou convenções verbalísticas, ocorre um despertamento telepático, e então as ideias se associam velozmente, sem necessidade do emprego de muitos vocábulos para se dizer o que se quer. Certas palavras de gíria, que depois se consagram nos dicionários, não passam de pitorescas ou jocosas interpretações, ou mesmo de recursos sintéticos que substituem longas e complicadas enunciações para se completar um jogo de ideias que, através de um só vocábulo excêntrico, pode definir toda a intenção.

---

1 N.R.: O autor se refere a abreviações como IAPI, SUMOC, INPS, IAPETC, ONU etc.

PERGUNTA: — Que poderíamos entender por esse desenvolvimento da mente a caminho da telepatia?

RAMATÍS: — É claro que, se reduzis paulatinamente a quantidade de vocábulos para se enunciarem muitos pensamentos, é porque o homem atual compreende fácil e inteligentemente, através dessas abreviaturas ou chaves verbais sintéticas, aquilo que antes precisaria ser dito em longa transmissão verbal ou escrita. Evidentemente, isso se deve à natural sensibilidade intuitiva e telepática da humanidade do século atômico, cujo desenvolvimento mental, sob os métodos da pedagogia moderna, já substitui com êxito o antigo processo de se memorizar e repetir exaustivamente grande quantidade de palavras. O vocabulário humano tende, portanto, a diminuir em quantidade para ganhar em qualidade, enriquecendo-se sob esse salutar processo de se comporem interessantes códigos verbais, que melhor atendem ao incessante dinamismo evolutivo da vida moderna, em lugar de se exigir, para transmissão do pensamento, um número de palavras cada vez maior, o que conduziria a linguagem terrícola a inevitável saturação e balbúrdia.

O desenvolvimento da mente humana a caminho da telepatia já se comprova, realmente, nessa redução do palavreado ou do falar excessivo, de vez que o homem já percebeu que a mente criadora melhor se desenvolve no silêncio da alma, pois à medida que se reduz a turbulência mental, tão própria dos atos irritados e insatisfeitos do homem comum, também diminui a quantidade de palavras de que ele necessita para se expressar e, portanto, se torna menos supérfluo e mais exato. Então ele pensará e refletirá, antes de falar, e só exporá em síntese as conclusões que elaborou na mente, servindo-se de menor quantidade de palavras para se fazer entendível.

Não vos será difícil comprovar que as raças inferiores ou os povos mais débeis de caráter são os mais palradores e turbulentos no falar. Mesmo as mulheres de grande atividade verbal, quando adquirem uma cultura e um desenvolvimento psicológico mais aguçado, reduzem a costumeira prodigalidade de palavras e adquirem um senso de mais ponderação no seu falar. Nos cortiços e favelas enxameiam criaturas instintivas, desregradas e irascíveis, cujo palavrório gritante e o "bate-boca" costumeiro provam o que acabamos de dizer. Nas tragédias do teatro antigo, as gesticulações e os gritos estentóricos eram fundamentos de arte, enquanto os seus atores se entregavam à troca de vocabulários desconcertantes. Eles exageravam os seus esgares porque só assim poderiam comover o público ainda psicologicamente imaturo de entendimento espiritual, pois, para o artista atual, basta um rápido brilho no olhar ou um imperceptível gesto fisionômico para conseguir plasmar exteriormente a natureza dos seus pensamentos interiores. Há, por vezes, num simples olhar da heroína do teatro moderno, a interpretação de um poema de sofrimento, facilmente compreendido pela agudeza psíquica do público inteligente do século XX, dispensando a torrente de palavras bulhentas antigamente exigíveis para se exprimirem sentimentos e paixões mais vigorosas.

PERGUNTA: — Isso quer dizer, então, que a parcimônia no emprego de palavras indica superioridade intelectual; não é assim?

RAMATÍS: — Convém que não chegueis a conclusões extremistas pois, se assim fora, os mudos seriam os mais sábios no mundo; no entanto, sem que devais concluir que todos os homens lacônicos são superiores em intelecto, há que não esquecer de que, geralmente, os sábios são parcimoniosos de palavras.

É por isso que os iogues e os mestres orientais, que já conseguem dominar as formas do mundo da matéria e são capazes de vibrar com a "Consciência Cósmica" do Criador porque já venceram o "Maya",[2] são parcimoniosos no seu falar e não criaturas gritadeiras e pródigas em palavras. Tanto são avaros de palavras como de gestos, pois vivem sob periódicos votos de silêncio, em cujo estado de serenidade mental despertam as poderosas forças internas do espírito, para mais tarde se tornarem os sublimes condutores de homens e guias de discípulos à procura da Verdade. Falam por monossílabos e melhor são compreendidos através do olhar límpido e expressivo; recordam-nos Jesus, que fitava serenamente os seus contraditores e algozes, enquanto que os seus mais sublimes e eternos ensinamentos legados à humanidade se resumiam

2 "Maya", Grande Ilusão.

em meia dúzia de palavras, como as da divina máxima do "Ama ao próximo como a ti mesmo". Essas mentes orientais avançadas comprovam-nos, em seu augusto silêncio, que, à medida que o espírito evolui para estados superiores, reduz o seu excessivo linguajar, pois, adotando o "exato pensar", também se dedica ao "exato falar".

A reflexão e a meditação antes de falar, bastante elogiadas pelo velho provérbio "o silêncio é ouro", demonstram progresso pois, à medida que a humanidade evolui espiritualmente, também pensa mais e fala menos. À medida que o homem terrícola se aprimora espiritualmente, também vai se desinteressando do mundo de formas e das suas relações exteriores, porque passa a viver mais em intimidade com a essência espiritual do Criador. Então, a sua linguagem se torna cada vez mais resumida e sintética, para poder servir ao entendimento de pessoas mais reflexivas e introspectivas. Não há dúvida, pois, de que só o Esperanto, com o seu tão modesto vocabulário qualitativo, mas profundamente maleável no seu trato e mecanismo idiomático, é que realmente poderá atender a essa incessante exigência psicológica e evolutiva da humanidade terrena em que, à medida que se multiplicam os pensamentos, também se deve reduzir o número de palavras.

PERGUNTA: — O Esperanto não poderá porventura se deformar pela incorporação ou interpolação de outros vocábulos heterogêneos? Quando cultivado por outros povos, não poderá se acrescer de neologismos impróprios ao seu linguajar neutro e internacional, por causa de certos costumes e necessidades características desses povos, a ponto de se tornar cheio de excrescências idiomáticas?

RAMATÍS: — Esses detalhes já foram previstos no Espaço, tendo sido alvo de rigorosos estudos e acuradas experimentações. Em analogia com o mesmo caso, não tendes notado que, à prática do Espiritismo, os seus simpatizantes incorporam inúmeras excrescências contraditórias aos seus postulados fundamentais, confundindo a codificação kardeciana com outros movimentos espiritualistas? Mas é inegável que, apesar dessas inovações, a doutrina permanece perfeita em sua natureza iniciática, e íntegra em suas bases lógicas estabelecidas pelo senso superior de Allan Kardec. Faz lembrar o caso do filme negativo, que sempre conserva a imagem real, que pode ser revelada a qualquer momento que se queira comprovar a sua exatidão.

O Espiritismo, apesar das interpolações e excrescências doutrinárias com que alguns pretendem toldar a sua pureza iniciática, sempre se conserva íntegro e isso, principalmente, pelo fato de já existirem na Terra organizações espíritas que velam continuamente pela manutenção dos seus postulados originais, escoimando-os de todas as incoerências deformantes. Da mesma forma, o Esperanto também ficará livre das corrupções idiomáticas e resguardado em suas raízes iniciáticas, porque, além de ser subordinado a normas definitivas, traçadas pelo alto, também se subordina a uma entidade oficial da Terra, que é a "Universala Esperanto-Asocio", responsável pela sua sanidade verbal e gráfica.

Trata-se de uma organização que foi fundada no Além e depois concretizada no mundo terreno, da qual participam elementos experimentadíssimos no trato do idioma fraterno e que já se dedicaram a grandes labores linguísticos em vidas passadas. Devotados espíritos entregam-se às tarefas elevadas da língua internacional e depois renascem em várias partes da Terra, a fim de propagar o Esperanto e o escoimarem de qualquer excrescência. Mantêm para com ele assistência permanente e o fazem progredir continuamente, para a mais breve aproximação entre os homens que falam idiomas diferentes, mas seguem para o mesmo destino.

PERGUNTA: — Qual uma ideia mais objetiva de que o Esperanto possa resistir a todas as excrescências que queiram introduzir em sua unidade fundamental?

RAMATÍS: — A água, acrescida de certas essências ou produtos vegetais pode se transformar em xarope, vinho, café ou chá; no entanto, basta que filtreis cientificamente qualquer um desses líquidos, para que torneis a obter a água em seu estado primitivo, comprovando que ela é, entre todos esses produtos, um elemento que conserva a sua pureza. Do mesmo modo, por mais que impregnem o Esperanto de misturas idiomáticas ou excrescências vocabulares, ninguém poderá alterar a sua natureza intrínseca que, por vontade do

Alto, sempre há de resistir a qualquer neologismo ou interpolação inoportuna.

PERGUNTA: — De acordo com o vosso prognóstico, poderemos estar certos de que o Esperanto nunca sofrerá acréscimo algum no seu conjunto linguístico, mesmo que futuramente algumas circunstâncias imprevistas assim exijam?

RAMATÍS: — Nenhuma outra modificação há de se operar na pureza iniciática da coluna vertebral do Esperanto. Mesmo que, por força das circunstâncias, seja viável a interpolação de qualquer vocábulo ou tema aconselhável, é óbvio que isso há de primeiramente ser autorizado pela entidade máxima esperantista sediada na Terra, a única com o direito de arbitrar ou orientar para que não se perturbe a harmonia original do idioma.

O Esperanto não depende dos fatores comuns que obrigam a modificação das línguas pátrias, as quais evoluem partindo de costumes, tradições e experimentações provisórias. É por isso que elas requerem filólogos pátrios que devem intervir de tempos em tempos, ditando novas regras gramaticais, modificando a grafia de vocábulos ou as acentuações gráficas, aceitando neologismos e gírias que vão penetrando aos poucos no seio do linguajar popular, e até no oficial, interpretando o espírito nacionalista de um povo.

Com o Esperanto não acontecerá isso, pois os técnicos espirituais já estudaram, no Espaço, todas as probabilidades de modificações ou de obstáculos que poderiam surgir no idioma em virtude de diferenças psicológicas entre os homens. Demais, não advirão ao Esperanto as mesmas consequências comuns a outros idiomas, porque ele inicia a sua aplicação linguística justamente no limiar da profética seleção espiritual, que já se efetua na Terra e que depois proporcionará um clima eminentemente simpático para o sucesso de uma língua internacional. Os espíritos que, a partir do próximo milênio, tornarem a se encarnar na Terra, serão todos simpáticos ao Esperanto, porquanto tratar-se-á de almas selecionadas rigorosamente "à direita do Cristo", espiritualmente maduras e dedicadas a todas as realizações que se enderecem à confraternização dos povos e ao bem do mundo. Por isso, a quantidade de vocábulos esperantistas ser-lhes-á mais que suficiente para êxito no mecanismo das relações humanas, mormente sabendo-se que se sentirão induzidos ao emprego cada vez mais positivo da telepatia, que será futuramente uma das faculdades comuns a todos os terrícolas.

PERGUNTA: — A entidade que protege o Esperanto na Terra não poderá modificar futuramente a sua estrutura, adaptando-a aos seus pontos de vista?

RAMATÍS: — O Esperanto nasceu emancipado; a entidade máxima que o protege e supervisiona na crosta terráquea não foi constituída para escoimá-lo de supostos defeitos inatos, mas principalmente para evitar as excrescências que possam ser introduzidas nele pela ignorância alheia. Não se trata de língua ao sabor de caprichos ou simpatias humanas, mas que surgiu no vosso mundo e atua no seio da humanidade à semelhança de um evangelho filológico já emancipado, e não apenas como um novo conjunto de vocábulos em competição com a prodigalidade idiomática que já existe entre as várias raças terrícolas. É idioma coeso e de fundamentos profundos que, por se destinar ao sagrado objetivo de unir as criaturas através da palavra, merece o mais elevado respeito e religioso carinho de todos os seres.

PERGUNTA: — Por que dizeis "religioso carinho" para com o Esperanto, como se desejásseis atribuir-lhe algum sentido de religiosidade?

RAMATÍS: — Assim nos expressamos, porque toda função religiosa tem por finalidade precípua a de "religar" as criaturas a princípios superiores. O Esperanto, inegavelmente, reflete no seu patrimônio verbal as mais sadias disposições de religiosidade, pois muito antes de sua natureza intrinsecamente linguística, é uma doutrina filológica tão racional, que os seus vocábulos podem ser aceitos como princípios éticos que induzem o homem à confraternização universal.

O princípio do Amor, imanente em todas as criaturas, também se identifica no Esperanto, como terna e religiosa pulsação de vida, uma vez que o seu mecanismo verbal se ajusta perfeitamente à variedade de pensamentos emitidos por quase três bilhões[3] de criaturas que atualmente consti-

3 Nota do Editor – População encarnada no período em que a presente obra foi

tuem a humanidade terrena. Esse ajuste, que em qualquer latitude geográfica do planeta se faz pela vibração sonora de uma só pronúncia, identifica um mesmo diapasão fraterno e elimina as barreiras emotivas produzidas pela diferença de idiomas pátrios.

A mesma alegria que sentem em comum as criaturas quando, em terras estranhas, ouvem a palavra amiga e familiar no seu idioma pátrio, também será proporcionada pelo Esperanto que, através do seu mecanismo verbal neutro, harmoniza as configurações físicas mais opostas e interpreta os pensamentos de todas as raças e povos. É indiscutível que ele acelera a fusão espiritual entre os seres, porque elimina a desconfiança mútua, muito comum entre os estranhos separados por idiomas adversos, assim como aviva-lhes a comunicabilidade e aumenta-lhes o júbilo recíproco. Mesmo que se lhe acrescentem novos vocábulos, exigíveis pela evolução do homem, não sofrerá nenhuma deformidade, porquanto não é propriamente um novo idioma mas indubitavelmente uma "doutrina idiomática universal".

PERGUNTA: — Na suposição de ocorrerem algumas modificações no Esperanto, quais seriam elas?

RAMATÍS: — Não cremos em quaisquer inovações ou modificações radicais do Esperanto; apenas pressupomos alguma seleção de vocábulos à parte, que apresentem maior fragrância sonora ou ritmo alado para o uso da poesia, ou então para uso científico, exclusivo da terminologia técnica. Mas isso tudo são coisas que já foram estudadas no Espaço, e que não intervirão no mecanismo básico e universalista do idioma, assim como também não terão força para modificar os seus princípios fundamentais já consagrados pelo uso em comum.

PERGUNTA: — E, quanto à pronúncia do Esperanto, não poderá ocorrer alguma alteração em conformidade com o clima ou a latitude de cada povo onde o idioma for cultivado?

RAMATÍS: — O papel principal do Esperanto não é o de suprimir draconianamente os diversos idiomas que atendem às necessidades de cada raça ou povo. No futuro, por efeito de progressivo aprimoramento espiritual, os homens terão

elaborada.

extinguido todas as barreiras nacionalistas e viverão em comarcas supervisionadas por um governo único, e por esse motivo servir-se-ão de um só idioma internacional, tal como acontece em Marte e noutros planetas avançados. Inegavelmente, o Esperanto está predestinado a ser futuramente falado por todos os povos do orbe terráqueo, e por isso nenhuma outra língua poderá superá-lo, quer em sua origem superior, quer na sua divulgação. Ele já obteve a consagração de que necessitava para seu completo êxito futuro, como realmente o predestinaram os Mentores Siderais da Terra.

A sua pronúncia é clara e doutrinariamente aceitável em todos os climas geográficos e por todas as índoles psicológicas; acresce que a sua pronúncia não é extremamente aberta, nem extremamente fechada, mas se efetua num "meio-termo", o que facilita bastante que todos os povos e raças se ajustem a esse agradável tom médio de voz. A língua esperantista ainda será uma lei absoluta entre todos os povos terrestres e uma norma definitiva em qualquer quadrante do globo; lembra a linguagem sacra, exclusiva dos sacerdotes, que a cultivam nos seus ofícios religiosos, em todos os países, sem que se deforme ou seja repudiada.

Capítulo 3

Os "mantras" e a língua Esperanto

PERGUNTA: — Certa entidade espiritual disse que o Esperanto é um idioma cujas palavras podem se transformar em "mantras", ao passo que entidades dessa ciência nos afirmam que o idioma esperantista é tão somente fonético, sem qualquer efeito esotérico.

RAMATÍS: — Indubitavelmente, os "mantras", tão familiares aos iogues, são peças idiomáticas sagradas que, pela harmonia de sílabas ou letras — quando pronunciadas em sua pureza iniciática — despertam no psiquismo e no organismo físico do homem um energismo incomum e proporcionam estados de desprendimento e euforia espiritual. As palavras "mântricas" possuem grande poder de ação no campo etérico astral, assim como aceleram, harmonizam ou ampliam as funções dos "chacras" do duplo etérico, enquanto que, atuando à superfície do perispírito, auxiliam a sintonização do espírito às manifestações da vida física e favorecem a justa ação do pensamento sobre o sistema cerebral.

Que importa dizer que o Esperanto é um idioma tão somente fonético, quando seus vocábulos também são harmoniosas combinações de letras, que soam dentro de um tom puro e harmônico? Ele é um conjunto vibratório verbal, que pede o elevado alento humano e o mais perfeito ajuste de ideias, para reproduzir os anseios de confraternização da alma humana. Não é apenas uma linguagem de interpretação momentânea, mas é mensagem de poderosa aproximação espiritual entre os homens, e por esse motivo possui em sua intimidade uma extraordinária força esotérica, que dificilmente encontraríeis no idioma mais complexo ou na mais severa linguagem religiosa. Nem mesmo se pode invocar a natureza de uma língua sagrada, e de uso templário ou iniciático, para sobrepô-la ao Esperanto, pois este não se limita a interpretar os anseios de grupos religiosos ou de adeptos de selecionadas filosofias espiritualistas, porém endereça-se incondicionalmente a toda a humanidade.

PERGUNTA: — Os que nos disseram que o Esperanto não possui força mântrica afirmam que isso se dá por se tratar de um idioma muito superficial.

RAMATÍS: — Uma vez que a linguagem e a escrita dos povos estão em relação exata com sua cultura e progresso espiritual, o importante não é saber se esta ou aquela língua é mântrica pela sua profundidade esotérica, ou se não o é por ser superficial ou tão-somente fonética. Os astecas possuíam palavras comuns, que eram extraordinários "mantras", superiores mesmo aos mais poderosos efeitos mântricos da ciência esotérica atual. Mas isso não provinha do fato de sua língua ser mais esotérica e menos fonética; o caráter, a força e a ternura espiritual desse povo é que realmente constituíam o fundamento elevado de suas palavras, que adquiriam poderes pelo treino para adquirirem qualidades superiores, e pela afetuosa religiosidade para com o Criador dos Mundos.

O Esperanto, sendo uma doutrina filológica destinada a revelar os pensamentos e os sentimentos de uma futura humanidade vibrante de afeto e plena de paz espiritual, também fará eclodir no idioma o elevado espírito mântrico que se encontra oculto sob a sua expressão fonética.

Não se constroem "mantras" sob a frialdade científica nem sob caprichos esotéricos de simples ajustes de vocábulos, para que, em seguida, despertem efeitos ocultos ou espirituais, pois podem não se ajustar à alma dessas palavras. Em verdade, são as próprias palavras que se consagram pelo seu elevado uso e assim criam os "mantras", pois se transformam em verdadeiras chaves verbais que, então, congregam energias etéricas ou produzem configurações astrais protetoras, associando ideias que despertam as forças psíquicas nos seus cultores e transformam os vocábulos em poderosos despertadores mântricos.

Já pensastes no poderoso "mantra" que é a palavra "Cristo", que está impregnada de um sacrifício memorável na figura de Jesus de Nazaré? Quando a pronunciais sob elevada meditação, não sentis porventura que a vossa alma vibra sob um estado de expectativa cósmica, enquanto o júbilo e a esperança completam o vosso gozo espiritual? Os cristãos que se deixavam trucidar nos circos romanos, à simples exclamação de "Ave Cristo", aliciavam forças tão poderosas, que muitos desencarnavam anastesiados por semelhantes energias.

Sendo a linguagem oral e a escrita os fatores principais que permitem às criaturas humanas manifestarem entre si a sua inteligente cultura, ciência e ideal, é evidente que, quanto mais elevado já lhes tenha sido o progresso, tanto maior coeficiente de forças esotéricas já terá eclodido em sua linguagem. Existe poderosa força oculta na palavra que, sabiamente falada, tanto pode construir como aniquilar; há nela, também, certa musicalidade que, acionada progressivamente, pode alcançar a intimidade atômica da matéria e alterar-lhe a coesão íntima.

A própria Natureza possui a sua linguagem, que se expressa em sons diversos através dos motivos e das funções dos seus reinos, onde cada coisa, ser ou vegetal pode ser considerado como uma letra viva e compor divinas palavras. Que é a vida, senão o Verbo de Deus? A linguagem humana deriva-se de uma só expressão linguística primitiva, que constitui a sua base ou alicerce, e por esse motivo todos os idiomas traem sinais indeléveis de que são provindos de um só tronco. As letras não foram invenções a esmo nem produtos de caprichos extemporâneos; elas nasceram como símbolos necessários para identificação dos estados interiores da alma, e por isso estão impregnadas do espírito e das ideias que as originaram. Eis, pois, o que ocorre com o Esperanto; ele possui as bases e as raízes das principais línguas do mundo e buscou mais profundamente na fonte iniciática desses idiomas os seus traços mais evidentes e exatos, para então se constituir na mensagem verbal definitiva e capaz de interpretar todas as ideias sob uma só linguagem. E por isso ele possui, mais do que qualquer outro idioma, a força original e mântrica do psiquismo vigoroso que edificou a linguagem do terrícola, pois uma vez que a elevação de espírito, interior, é que produz a maior sequência mágica num "mantra", é evidente que o Esperanto, como idioma universal e compilado por um dos homens mais sábios e desinteressados, é também a linguagem mais credenciada para fazer de seus vocábulos criteriosos, límpidos, certos e fluentes, um dos mais belos idiomas mântricos do orbe. Cada um dos seus vocábulos não só possui a força e a emotividade de um homem, um povo ou uma nação, como também vincula em sua vibração "psicofísica" o pensamento idêntico de toda a humanidade, e ainda alicia as próprias almas elevadas dos mundos superiores, que sonham e operam pela confraternização de todos os homens.

E quando ele for consagrado por toda a humanidade, cada um dos seus vocábulos será um "mantra" poderoso, a sintonizar na mesma vibração psíquica o desejo e o pensamento de qualquer homem.

PERGUNTA: — A pronúncia das palavras pode afetar as relações psíquicas com o corpo físico, como já no-lo disseram alguns ocultistas?

RAMATÍS: — A mente é algo como uma usina a produzir energias; quando se descontrola ou é tomada pela raiva, ódio, cólera, inveja ou ciúme, emite determinados feixes de ondas de forças, que perpassam pelo campo "etereoastral" da zona cerebral do perispírito, fazendo baixar o padrão vibratório da energia mental que ali já se encontra em liberdade. Produz-se, então, um fenômeno que muito bem poderíeis designar como sendo uma "coagulação mental astral", lembrando o caso da onda de frio que, ao atuar no seio da atmosfera do vapor d'água, solidifica-o na forma de gotículas. Assemelha-se, também, à corrente elétrica que perpassando por uma solução salina, produz a tradicional precipitação verificada em laboratórios de química e física.

Da mesma forma, as ondas mentais alteradas também intoxicam a própria atmosfera astral e invisível em torno do cérebro, produzindo substâncias que baixam vibratoriamente, tornando-se nocivas, e por esse motivo devem ser eliminadas da zona psíquica ou do campo áurico do homem. A glândula hipófise, a regente dinâmica do sistema endócrino e a mais influente no sistema nervoso, sofre então, pela sua delicadeza, a maior parte do impacto violento e agressivo da mente desgovernada, fazendo esse impacto repercutir nos demais órgãos da rede glandular, do que resulta aceleração e precipitação de hormônios inoportunos na circulação sanguínea, com a consequente intoxicação do organismo. A Natureza, orientada pelo senso divino, expulsa a carga inoportuna para o mundo exterior, através das vias emunctórias do corpo, como sejam os rins, intestinos e pele. Daí se verificar, amiúde, que as criaturas mais violentas, coléricas, irritáveis, pessimistas ou ciumentas são vítimas quase sempre de alergias inespecíficas, urticárias, nefrites, eczemas neuro-hepáticos, surtos de disenteria ou hemorróidas, como frutos dos desequilíbrios mentais e descontroles psíquicos. Os hipocondríacos, por exemplo, vivem num infeliz círculo vicioso; quando o fígado enferma, altera-se o seu psiquismo, e quando este se desarmoniza, são eles que enfermam o fígado.

É óbvio, pois, que, sendo as palavras irascíveis o instrumento que interpreta as emoções desequilibradas ou violências mentais, devem produzir visíveis modificações orgânicas, como chaves do psiquismo desequilibrado, assim como as palavras desarmônicas por natureza exigem esforços à parte, para serem pronunciadas, enquanto outras associam estados enfermiços e fazem abater o ânimo espiritual, influindo no físico. Quando louvais o próximo com palavras de amor ou de paz, elas despertam estados de afetividade, otimismo e esperança, o que já não sucede se as expressões forem de ódio ou de rancor. As palavras despertam ideias e produzem estados e motivos diferentes, no homem; repetimos-vos: são chaves verbais que vos alteram ao ouvi-las ou ao pronunciá-las, ocorrendo então consequências diferentes no psiquismo e, consequentemente, no corpo físico.

PERGUNTA: — Podeis dizer-nos mais alguma coisa interessante sobre este assunto?

RAMATÍS: — Notai que a audição de palavras equívocas ou antipáticas, ou mesmo com demasiada aglutinação de consoantes, o que deforma a pronúncia harmônica, produz sensações desagradáveis na mente humana e, além disso, as línguas para com as quais não guardamos simpatia não só baixam as nossas condições psíquicas, como chegam até a irritar-nos. Assim como um indivíduo de raça latina pode antipatizar com o idioma eslavo ou árabe e se aborrecer ou fatigar só ao pensar em ouvi-lo, também um cidadão eslavo ou árabe poderá sentir idêntica antipatia para com as línguas latinas. A linguagem de um povo é o reflexo de suas emoções; se houver antipatia de uma raça para com outra, ipso facto os seus linguajares também se tornarão mutuamente antipáticos, pela lei do psiquismo, que é sensível a qualquer vibração antagônica. Há dialetos aldeônicos de tal atropelo de palavras e atrito de sons heterogêneos que, se pronunciados por criaturas habituadas à fluência e à pureza de certos idiomas fidalgos, parecer-lhes-á que estão mastigando calhaus em lugar de fazerem fluir vocábulos.

Conforme já dissemos, há palavras que, se pudessem ser analisadas sob avançada instrumentação de laboratório, dar-vos-iam a certeza de que certas combinações lexicológicas chegam a influir na temperatura e na circulação do corpo humano.

Cada uma das letras do alfabeto repercute pelo vosso corpo em zonas distintas, se ao pronunciá-las puderdes auscultá-las mentalmente. Apenas pensando nelas podeis sentir o seu efeito: o I, por exemplo, quando se pensa nele, repercute no alto da cabeça, porque é o símbolo vertical da união psíquica com o "chacra coronário"; o K soa mentalmente no centro da garganta, repercutindo nas região do "chacra laríngeo"; o H tende a ressoar no ventre, na região do plexo abdominal, onde se situam o "chacra esplênico" e o "genésico", como um vocábulo cuja forma lembra a sustentação, em suas hastes, repercutindo exatamente à altura do grande nervo simpático, onde se apoia o corpo astral. Eis porque Jesus que, além de sublime anjo, era genial cientista, podia usar tão bem a palavra e empregar o seu poder miraculoso sobre os povos, utilizando-a como poderoso dínamo criador de energias espirituais e produzindo os extraordinários fenômenos que o vulgo classificava de sublimes milagres.

Entretanto, há um gasto contínuo de energias, desde o pensar até o falar, que se influenciam reciprocamente e dependem da quantidade e da qualidade dos vocábulos que sejam pronunciados pela criatura humana. E o Esperanto, como idioma destinado a um tipo biológico e humano superior, foi alvo das mais exigentes análises e observações, a fim de que, em sua aplicação quantitativa humana, não se turvasse a sua essência qualitativa espiritual, que é exigível para corresponder às solicitações da aprimorada mente humana do próximo milênio.

PERGUNTA: — Podeis nos oferecer um exemplo capaz de dar uma ideia mais aproximada das disposições mentais e psíquicas que, segundo nos dizem os espíritos, muito influem na manifestação da linguagem?

RAMATÍS: — Há perfeita correlação entre o falar e o pensar, assim como no dispêndio de energias entre a intenção subjetiva da ação e a produção de sons físicos da linguagem. As raças recalcadas, introspectivas e desconfiadas, protegem-se com seus idiomas ricos de monossílabos e restrições; a astúcia, agudeza ou capciosidade de certos povos nômades refletem-se no seu próprio modo de falar por circunlóquios, interrogações esquisitas e repletas de sofismas. Enquanto um povo jovial, despreocupado e comunicativo, fala de modo claro e desinteressado da crítica exterior, os de outras raças mais capciosas — no dizer do senso comum — "falam por entre os dentes". Muito grande ainda é a diferença psicológica entre o falar de um latino e o do eslavo, ou entre o de um zulu e o de um parisiense.

Cada povo revela através de sua língua ou dialeto, com maior ou menor dispêndio de energias magnéticas, os estados psicológicos de sua própria reação ao mundo exterior e de seu entendimento íntimo espiritual. As raças parcimoniosas também são avaras no falar, enquanto que as pródigas se atropelam no seu vocabulário dispendioso e se fatigam na exagerada articulação. Do mesmo modo, há enorme diferença de gasto de energia vital e de esforço mental ao se pronunciar uma vogal ou uma consoante; nas vogais, é suficiente apenas o fluir do ar pelos pulmões para que os sons se produzam e se modifiquem conforme o simples mover dos lábios. No entanto, as consoantes sempre exigem movimentos mais vigorosos do aparelhamento de fonação, conforme seja a sua pronúncia mais gutural, nasal ou, então, um misto de ambas.

Para a pronúncia das consoantes, torna-se necessário

abrir as cordas vocais com vigor, as quais, ao se unirem novamente, produzem os sons consonantais característicos; mas é evidente que, em regra, trata-se de um produto sonoro desarmônico, resultante mais do conflito vocal do que propriamente da singeleza harmônica, coisa que só é possível obter-se na pronúncia da vogal. É por isso que as consoantes, por si mesmas, não proporcionam exteriorização da linguagem humana; esta só se obtém pela união acertada das consoantes com as vogais. As consoantes não apresentam tons agradáveis, sonoros e flexíveis, mas apenas ruídos secos, sons abafados e recortados, que só se harmonizam em agradável mensagem sonora quando devidamente apoiada sobre a singeleza e fluência das vogais. E ainda se devem levar em conta as diferenças que existem entre as próprias consoantes entre si.

PERGUNTA: — Gostaríamos que nos indicásseis algumas das diferenças entre as próprias consoantes, a fim de melhor apreciarmos os vocábulos da língua Esperanto. Não estaremos exorbitando o assunto?

RAMATÍS: — Há profunda diferença de pronúncia, combinação, ajuste respiratório ou graduação tonal entre um K e um M. Enquanto o K se forma principalmente dentro da garganta, num tom gutural seco, podeis comprovar a produção excessivamente nasal do M, ou a tonalidade arfante do F. Durante o processo da linguagem ou do idioma de cada povo é claro, portanto, que a maior quantidade de consoantes, em seus grupos respectivos, também exigem maior ou menor dispêndio de energias vitais, variando tanto na proporção de cada agrupamento consonantal, como na exigência de movimentos fisionômicos, labiais e característicos da fonação.

É tal a influência da predominância das consoantes, que, em uma longa oração pronunciada em voz alta e muito sobrecarregada de consoantes, mesmo que feita por exímio orador, elas chegam a provocar movimentos imperceptíveis e leves contorções fisionômicas em certos ouvintes, pois há perfeita ligação e relação entre o ouvido e os lábios humanos. Existem pessoas que só podem ouvir certas palavras, frases ou melodias, movendo os lábios, como a reproduzir nestes, forçadamente, o impulso vigoroso da palavra ouvida. Muito curandeiro, mago, ou "homem de milagres" que, através de suas palavras, tem se servido desse segredo, levanta paralíticos, desata músculos entorpecidos ou transforma um covarde em um herói.

A linguagem provoca inúmeras movimentações energéticas no organismo humano, embora isso passe despercebido ao homem comum. Daí, pois, o motivo da especial e particular atenção que os mestres siderais dispensaram à questão fisiológica e etérica da pronúncia do Esperanto, bem como às modificações que se deveriam produzir por maior ou menor aglomeração de consoantes combinadas às vogais. Sob nossa visão espiritual, notamos até quando a mesma letra H, que é muitíssimo aspirada pelo alemão, produz modificações energéticas diferentes, se pronunciada pelo espanhol, quase à semelhança de um G.

Isso comprova, sem dúvida, que, para criar um idioma de caráter internacional, como o é o Esperanto, os mentores siderais tiveram que se aprofundar em estudos, com extremo carinho, a fim de verificarem todas as modificações fisiológicas que se processariam no aparelhamento de fonação de todos os povos, de acordo com a pronúncia de letras e vocábulos esperantistas, sem que, entretanto, estes perdessem o seu cunho original de expressão. Não podeis avaliar o milenário esforço despendido pelos técnicos espirituais, a fim de que o Esperanto se possa manter incólume e puro em sua feição original e sonoridade verbal, malgrado ser falado pelos mais heterogêneos temperamentos e condicionamentos psicológicos do orbe. Essa é uma das mais gloriosas realizações da "Missão Esperanto" sobre a Terra.

Capítulo 4

O espírito do Esperanto

PERGUNTA: — Em um dos capítulos anteriores fizestes referências ao "Espírito do Esperanto", que deveria atingir uma unidade coesa e indestrutível. Podeis nos esclarecer melhor esse assunto?

RAMATÍS: — Referimo-nos à essência íntima do Esperanto, ou ao seu fator intrínseco, que é consequência de ação diretora espiritual que o vem disciplinando desde longo tempo. Na concretização do Esperanto interferiram numerosas almas desencarnadas, que vêm operando na sua intimidade sob um plano metódico e harmônico, para proporcionar à Terra um idioma internacional lógico e definitivo. Houve, pois, uma verdadeira "liga espiritual", que lhe deu unidade e direção evolutiva, assim como a coesão molecular do vosso corpo físico depende da direção do vosso espírito.

Sob essa equipe espiritual permanece uma vontade, ou um "pensamento diretor", que coordena o objetivo verbal fraternista do Esperanto no seio da própria Mente Divina, em face de sua importância como mensagem de entendimento internacional entre os terrícolas. Sendo superior a qualquer outro idioma terreno, existe em sua intimidade verbalística um "fundamento psíquico", que coordena a sua harmonia central e a sua armadura interior, como se fossem vigorosas colunas de aço a sustentarem os mais variados fragmentos de estilos arquitetônicos. Há no idioma Esperanto uma qualidade de natureza eletiva, à semelhança do que acontece com a Homeopatia quando certos enfermos se revelam acentuadamente eletivos para as suas doses infinitesimais e curam-se imediatamente.

Essa disposição de eletividade esperantista faz com que os seus cultores e intérpretes sejam aqueles que se elegem para o cultivo da língua, procurando-a mais como um efeito de simpatia psíquica e necessidade decorrente de sua própria evolução espiritual.

Em verdade, os homens se devotam ao generoso idioma fraterno e internacional justamente porque já apresentam algumas credenciais, que os afinam com o seu "espírito" de superioridade verbal destinado à confraternização entre todos os povos. Assim como a sensibilidade musical dos ouvintes aprimorados os conduz a cultuarem a linguagem sonora e elevada dos grandes compositores, a qualidade espiritual do Esperanto também exige que os seus cultores já tenham eliminado da alma a crueza e o egoísmo, que os impediam do congraçamento fraterno entre todos os seres.

PERGUNTA: — Quereis dizer que nem todos os indivíduos estão propensos a cultivar o Esperanto, pela falta dessa importante "eletividade espiritual" para com o idioma; não é assim?

RAMATÍS: — Dever-se-á considerar isso como um importante fator psicológico, pois é evidente que o homem cruel, o fanático e o egoísta não se afinam ao jugo fraterno do Esperanto, que é um veículo de relações internacionais e não exclusivo de pátrias ou de povos isolados. Os homens sem vocação para a solidariedade e confraternização entre as raças e os povos, que permanecem apegados aos extremismos nacionalistas, não quererão perder o seu tempo no cultivo de uma língua neutra e internacional. O Esperanto, como idioma que prima só pelo essencial e pelo mais simples, pode ser falado lógica e claramente tanto nos templos suntuosos da religiosidade nababesca como nos mais humildes labores espiritualistas; o seu linguajar pode ser usado, facilmente, tanto entre os nababos como na choupana do sertanejo pobre. Garantido pelo elo psíquico da supervisão espiritual do Alto, não se abastarda quando falado nas taperas, nem se torna empolado nos lábios dos cultos e dos poderosos; basta uma índole fraternista, para que logo se torne útil e valioso entre os homens de ânimo cordial, pois guarda a sua intimidade algo de parecido com a unidade milenária do Evangelho de Jesus.

PERGUNTA: — Podeis nos dizer alguma coisa sobre essa semelhança do Esperanto com a unidade milenária do Evangelho de Jesus?

RAMATÍS: — A semelhança entre o Evangelho e o Esperanto provém de que o Esperanto é também um código verbal certo e igual para todos os homens; é de qualidade essencialmente afetiva, porque é eletivo às criaturas de boa índole, que simpatizam com os movimentos universalistas. A sua mensagem messiânica está acima das orgulhosas barreiras raciais e dos patriotismos exagerados; é um admirável multiplicador de frequência verbal confraternizadora entre todos os povos da Terra, concorrendo para que os sentimentos racistas se adocem através de um mesmo entendimento idiomático.

Ainda se descobre certa semelhança do Esperanto com o Evangelho de Jesus, porque é linguagem fraterna endereçada à humanidade, porém, simples, neutra, fácil de aprender, pura de pronúncia e exata na expressão. Em sua essência íntima transparece algo do sacrifício, humildade e ternura de Zamenhof, que o impregnou de sua verdadeira santidade e fortaleceu a sua unidade espiritual. Quando no vosso mundo se houver concretizado o sonho venturoso de um só povo e uma só língua, melhor compreendereis que o Esperanto não é apenas um veículo de entendimento verbal entre as criaturas espiritualizadas mas, realmente, uma doutrina filológica de eleição universal.

Essa compreensão ainda não é geral, porquanto o gosto e a preferência por um idioma universal só pode identificar almas inclinadas ao amor fraterno entre os homens, pois os tiranos, os egocêntricos e os ditadores — e os há muitos em vosso mundo — só respeitam e se devotam fanaticamente ao nacionalismo de sua raça; por isso eles se recusam a cultivar uma linguagem que os obrigue a um entendimento fraterno além dos seus interesses mesquinhos e do seu exclusivismo de pátria e raça, ou fora de sua parentela terrena. Sem dúvida, pesa-lhes até a perda de tempo para aprender um idioma, cuja função precípua ainda os impele em favor de outrem. Não vos é estranho o fato de governos totalitários da Terra, ditadores draconianos, e inimigos da emancipação espiritual haverem proibido o uso do Esperanto em seus países, como

Hitler na Alemanha e Stalin na Rússia.

Eis, pois, o Espírito do Esperanto e as principais características que muito o afinam à natureza e índole doutrinária do Evangelho de Jesus, pois o seu linguajar superior é como uma fonte límpida situada no deserto da incompreensão humana, que mitiga a sede do viajeiro sedento de intercâmbio fraterno.

PERGUNTA: — Por que motivo destacais tanto o espírito da língua Esperanto, quando existem muitos outros idiomas assaz divulgados na Terra, sem que por isso mereçam de vossa parte menção especial?

RAMATÍS: — Assim o fazemos, porque o Esperanto se destaca excepcionalmente de todos os demais idiomas, pois estes são sempre resultantes da evolução de uma tribo, de um povo ou de uma nação. A linguagem essencialmente nacional nasce dos costumes, interesses, necessidades e ideias de cada povo ou raça à parte; conforme se modificam e evoluem as coisas na psicologia de cada raça, também se aprimora e se amplia a contextura vocabular da língua pátria. O idioma então evolui pelo contato diário e pelas relações pessoais dos mesmos indivíduos, restringindo-se ao campo de suas próprias emoções e aos seus conhecimentos limitados pelo ambiente pátrio ou familiar.

Qualquer dos idiomas atualmente predominantes no vosso globo, malgrado os vossos esforços para tornar um deles internacional, trará sempre o estigma da nacionalidade e as idiossincrasias de uma raça ou de um povo para com outro. Há de fracassar, portanto, na sua missão neutra porque, sendo de um povo com psicologia à parte, não pode servir de modo algum à psicologia de uma humanidade que há de ser internacional. Será língua sempre isolada que já trará vícios nacionais de origem, incapaz de poder atender à gama emotiva dos demais povos de nacionalidade e costumes diferentes, que a repeliriam como recurso verbal estranho e em oposição aos seus próprios anelos, sentimentos e contextura moral. A linguagem usada pelo esquimó, que serve especificamente para interpretar a sua psicologia, os seus sentimentos letárgicos e as reduzidas emoções caldeadas no clima gélido, não poderia revelar o dinamismo, a vivacidade e a emotividade da raça latina, cuja vida freme à flor da pele.

Assim, um idioma exclusivo de uma só raça ou país, por mais que se encontre divulgado e esteja familiarizado entre outros povos, não se ajusta hermeticamente à índole de todos os habitantes da Terra.

O Esperanto, no entanto, possui este excelso espírito coesivo, que explicamos há pouco, porque se trata de língua que já nasceu emancipada, por ter sido cultivada sob um clima psicológico adulto e eclético, que a tornará tanto mais valiosa quanto maior for o seu cultivo entre as raças humanas. É um veículo verbal doutrinário, capaz de permanecer acima de todas as idiossincrasias e psicologias à parte, pois, sendo neutro a todos os povos, é evidente que não poderá ser afetado em seu mecanismo iniciático. Em vez de frágil idioma desenvolvido exclusivamente no seio de algum povo terráqueo, já tendo sofrido as proverbiais intervenções e adaptações lexicológicas, é um conjunto de postulados iniciáticos definitivos, genialmente estruturados pela universalidade do mundo espiritual superior e destinado ao uso coletivo nos milênios futuros.

O Esperanto não evolui da Terra para o Céu, na forma de um conjunto verbal considerado o melhor e o mais aperfeiçoado no trato cotidiano entre os homens de várias raças e credos, mas é dádiva descida do Céu por intermédio de um "medianeiro espiritual", como foi Luís Lázaro Zamenhof, cuja vida digna e crística correspondeu integralmente à confiança requerida pelo Alto.

PERGUNTA: — Através de um conclave mundial, não poderiam os povos escolher um idioma em grande evidência para o consagrarem como único instrumento verbal de entendimento internacional? Atualmente, algumas nações importantes, que lideram econômica, cultural, científica e até politicamente outros povos, procuram divulgar intensamente o seu idioma e chegam mesmo a simplificá-lo para o melhor entendimento comercial. Que dizeis da competição de alguns países, pretendendo que o seu idioma pátrio se torne o exclusivo veículo de compreensão internacional?

RAMATÍS: — Não importa a escolha e a consagração de algum idioma de mais distinção e progresso, dos que atualmente predominem no vosso orbe, seja ele proveniente da nação mais poderosa do vosso mundo ou se revista de maior influência linguística, pois não passará de uma "língua provisória", como já aconteceu tantas vezes no pretérito. Supondo-se que no passado os filólogos tivessem tido a mesma ideia, provavelmente teriam escolhido para isso o idioma atlante, o chinês, o persa, o hebreu, o caldeu, o lemuriano ou o egípcio, pois todos eles eram de grande predominância no mundo, variando apenas de conformidade com o poder e a glória do seu povo. As nações se assemelham aos seres humanos, pois nascem, crescem, envelhecem e morrem, e por esse motivo nenhum idioma essencialmente nacional poderá sobreviver indefinidamente, visto que não poderá atender às exigências do progresso futuro.

Mesmo os países em maior evidência e progresso, atualmente, não passam de coletividades condenadas desde o berço de sua formação; não lhes cabe o privilégio de sobreviverem além do prazo marcado pelas leis siderais, como já aconteceu com as grandes nações do passado. Se desejais conhecer o futuro dessas comunidades importantes, é bastante que consulteis a história desde a existência da Lemúria, para então verificardes que sempre se repetem os mesmos fatos, embora mudem os personagens, as roupagens e os cenários, que se apresentam, então, sob outras disposições estéticas. É possível que já não tenhais dúvida de que a velha Europa se encaminha para o túmulo das civilizações gloriosas do passado, pois não só já alcançou a sua maturidade, como também já sente a sua próxima derrocada. Gradativamente, outros povos e nações — aos quais ainda não tendes dado a devida atenção e valor — emergem de suas submissões coloniais e letargia, para se constituírem nas grandes civilizações do futuro. É a Lei Sideral, justa e disciplinadora que, em incessante atuação, rege o curso evolutivo da alma na matéria, embora os políticos, os líderes e os tiranos do mundo ainda não queiram reconhecer que suas pátrias também devem sucumbir sob o peso da mesma lei renovadora, do tempo.

Pela Lei Cármica, os vencidos de ontem deverão sobrepujar os vencedores de hoje; os asiáticos já se libertam do jugo colonial das nações dominadoras e se emancipam para perturbar a velha Europa, enquanto se acentua nos europeus a preocupação de atravessarem os oceanos e emigrarem para os países novos e futuras glórias da Terra. Isto posto, sabereis que, apesar das glórias e dos progressos dos povos tradicionais, e malgrado o seu idioma já consagrado como um monumento verbal, nunca poderá esse idioma servir como veículo internacional, porque não possui a absoluta e virginal neutralidade do Esperanto, que não foi edificado sob um espírito de nacionalismo pátrio, mas já nasceu absolutamente destinado a todos os povos.

PERGUNTA: — Não se poderá supor que algum povo moderno termine assimilando o Esperanto de tal modo que consiga transformá-lo em sua própria língua pátria, resultando disso um idioma bastardo ou com muitos vícios?

RAMATÍS: — Já refletistes quão doloroso e difícil servos-ia abdicar do vosso próprio idioma pátrio, extinguindo-o pouco a pouco em favor de outra língua, mesmo que esta fosse neutra? Será muito difícil que, de princípio, qualquer povo admita o Esperanto como a sua língua nacional exclusiva, a menos que atinja a sua maturidade espiritual e se confraternize completamente com todos os demais povos. Demais, é evidente que, mesmo que um povo muito espiritualizado adotasse o uso exclusivo do Esperanto em toda a sua pureza iniciática de um idioma neutro, sempre teria de se submeter ao controle da entidade máxima e responsável pelo mesmo na Terra, que tem por objetivo velar pela sua integridade iniciática. E se porventura se verificasse qualquer abastardamento da língua, isso redundaria no aparecimento de um dialeto esperantista, coisa que sempre poderá acontecer; mas é indubitável que nunca se poderia torná-lo como sendo o próprio Esperanto em sua pureza original, do mesmo modo como certos sincretismos religiosos, que se baseiam nos postulados do Espiritismo codificado por Allan Kardec, também não podem se intitular "Espiritismo", porque são apenas derivações que já sacrificaram a sua pureza original.

As excrescências, impurezas ou derivações, que porventura surgirem no Esperanto, de modo algum extinguirão a sua fonte original, cujo linguajar oficial é regido sempre pela entidade emancipada do idioma esperantista, capaz de mantê-lo íntegro em sua ação verbal. O Esperanto poderá fornecer alguma cota de vocábulos, regras ou inspirações a outros idiomas, mas os dialetos derivados do mesmo não serão idiomas de garantia oficial. Porventura denominais de inglês, francês ou espanhol a algaravia e confusão de regras, vocábulos e vícios de linguagem que os povos nômades fazem com essas línguas, numa expressão heterogênea e cacofônica?

O Esperanto assemelha-se a um peregrino que, atravessando todas as fronteiras de raças e preconceitos humanos, propõe-se a revelar, de modo neutro, os costumes, as alegrias, os ideais e as conquistas de todos os povos.

PERGUNTA: — O Esperanto não apresentará certa predominância de raízes latinas sobre menor porcentagem de germânicas e de outros idiomas, do que se poderia deduzir que, por causa dessa maior proporção idiomática latina, há ostensiva injustiça para com os demais povos não latinos? Estes não poderiam se considerar subestimados e antipatizar com tal processo, uma vez que afirmais que os povos são avessos aos idiomas estranhos à sua vida nacional?

RAMATÍS: — As instituições esperantistas situadas nas principais comunidades astrais, em torno do vosso orbe, concretizaram o seu trabalho idiomático de modo a que o Esperanto possuísse o toque espiritual de todos os povos, sem despertar qualquer antipatia racista.

Em face do futuro declínio da influência européia e da constante emigração de europeus para as Américas, aumentam as áreas demográficas e mais se cultivam as raízes do espanhol, do português, e mesmo certas derivações do inglês, e isso tanto nas relações comerciais, sociais e artísticas como na esfera da mentalidade mais emotiva do latino. Então não tardará que a flexibilidade, a riqueza de expressão e a sonoridade das línguas derivadas do latim passem a influir muitíssimo nos demais países do mundo, que pouco a pouco se deixarão influenciar pelos seus fundamentos atraentes. Daí, pois, a grande preocupação de Zamenhof em consolidar o Esperanto com as raízes latinas, que serão, no futuro, a ponte, o elo e o fermento unificador dos continentes que hão de sobreviver após a catástrofe de "fim de tempos", em que os escolhidos para a "direita" do Cristo serão também aqueles que já propendem para o intercâmbio do idioma universal.

PERGUNTA: — Mas essa predominância de bases latinas poderia ter sido proveniente de simpatia particular de Zamenhof pelo latim. Que dizeis?

RAMATÍS: — A prova mais evidente da nobreza e pureza das intenções de Zamenhof, isentas de quaisquer simpatias ou preferências pessoais, está em que, embora predominem no Esperanto as raízes do latim, as bases da língua eslava são mais reduzidas, apesar de se tratar justamente do seu idioma. Esse seu ato, inspirado pelo Alto, foi uma verdadeira consagração do seu trabalho, pois quem fez predominar neste as regras e bases latinas, ou seja Zamenhof, era um médico eslavo.

Ele cumpriu integralmente a missão que aceitara no Espaço quando ainda estava desencarnado, comprometendo-se a suprimir no idioma as raízes de sua própria língua pátria e assim se impor à confiança do mundo por esse elevado espírito de renúncia que, de início, já o garantiu contra a crítica malévola dos que o poderiam julgar um faccionalista protegendo o seu próprio idioma.

Conforme já dissemos anteriormente, atrás de todas as coisas e ações humanas há sempre uma força que ou estigmatiza ou estimula os feitos humanos, dando-lhes, de início, o sentido bom ou mau, o êxito ou a frustração. Quando esse toque invisível se relacionar com um espírito de renúncia, que quer trabalhar pelo bem alheio, como no caso de Zamenhof, então o êxito e a glória do trabalho também se afirmam definitivamente. Daí a sublimidade da missão de Jesus, pois embora ele fosse de origem hebréia, sacrificou sua vida, em pungente martírio, para favorecer todos os outros povos estranhos à sua pátria carnal. Zamenhof também soube aproveitar esse toque divino e renunciar às bases linguísticas de sua própria pátria, codificando o Esperanto com a maioria das raízes latinas já consagradas por outros povos. À medida que o Esperanto for se divulgando e os homens passarem a compreendê-lo no seu mecanismo internacional e na sua beleza iniciática latina, também crescerá a gratidão para com a raça eslava, que é o berço glorioso desse homem admirável. O mundo já não esconde a sua admiração para com o povo eslavo, em cujo seio nasceu aquele que inventou o mais abençoado mecanismo verbal de entendimento entre os homens de boa vontade.

PERGUNTA: — Podeis nos explicar claramente quais os fatores que hão de assegurar o completo êxito do Esperanto depois do "fim dos tempos", e de que modo estão eles se coordenando para tal fim?

RAMATÍS: — Conforme já vos expliquei em obra anterior a esta, a próxima verticalização do eixo da Terra provocará várias modificações de ordem geológica e geográfica na crosta terrena, ocasionando movimentação das águas dos oceanos, que pouco a pouco invadirão certas faixas litorâneas, destruindo praias tradicionais, ao mesmo tempo que emergirão do fundo dos mares algumas ruínas de velhas civilizações da Atlântida e de outros povos desconhecidos até de vossa História comum.

Esses acontecimentos coincidirão exatamente com a era da "Besta do Apocalipse", símbolo do grande desregramento humano, e com a profetizada rebeldia satânica dos espíritos trevosos, que envidarão hercúleos esforços para destruir as edificações do Bem. Porém, pelo excessivo sofrimento e pela perturbação que há de acometer toda a humanidade, os homens terão que se unir entre si, de modo incondicional, a fim de sobreviverem e suportarem os efeitos da grande catástrofe. O clamor, o arrependimento e o remorso farão coro entre as criaturas, que terão então de sofrer as consequências dessa modificação física do orbe e do caráter do homem. A confraternização e a afetividade, que nascerão então entre as criaturas sobreviventes, hão de eliminar muitas das fronteiras nacionalistas e seitas religiosas separatistas, favorecendo a efusão espiritual tão desejada e proporcionando, então, o clima psicológico destinado a concretizar a divulgação e o sucesso completo do Esperanto entre todos os seres terrenos.

É claro que o advento completo do Esperanto ainda exige muitas etapas, que vão se estabelecendo lentamente mas, independente disso, e em face dos acontecimentos trágicos do fim deste século, forçosamente há de se produzir um clima psicológico favorabilíssimo para a mais ampla divulgação do idioma esperantista. Os países europeus remanescentes das próximas catástrofes fundir-se-ão em uma área mais extensa, e por esse motivo também se concentrará maior quantidade de criaturas em um só bloco homogêneo, formando menor número de raças e de idiomas, e isso dará oportunidade ao uso mais intenso de uma língua neutra e internacional. Essa aproximação entre as civilizações sobreviventes do "fim dos tempos", ou do profético "juízo final", há de extinguir muitos dialetos e línguas menores, obrigando-as a se fundirem em um só idioma capaz de atender às relações e ao senso psicológico resultante desses grupos agregados pelos mesmos acontecimentos dolorosos.

Desnecessário é dizer que, à medida que for se extinguindo no mundo a quantidade de idiomas heterogêneos, tornar-se-á mais fácil a criação de clima simpático para a difusão e o êxito completo do Esperanto. Como as línguas também nascem, crescem e morrem, fundindo-se com as predominantes na época, hão de se reduzir também as barreiras criadas pelas nações orgulhosas, evidenciando-se o Esperanto como um recurso mais inteligente, sensato e lógico, para todos se entenderem melhor no campo das ideias.

Eis por que o Esperanto também significa um dos sinais dos tempos, pois o seu advento ocorre justamente no limiar dos acontecimentos profetizados por Jesus e por todos os profetas bíblicos, e que os sensitivos já podem perceber em desdobramento, no correr dos vossos dias. É um idioma destinado a uma raça superior, mais perto do coração e mais alheio às complicações do intelecto; o seu conteúdo guarda profunda similitude com a mensagem evangélica de Jesus, uma vez que é também linguagem descida dos céus, convidando todas as raças a vestirem os seus pensamentos e os seus sentimentos com o mesmo traje verbal fraterno.

Capítulo 5

O Esperanto e o Espiritismo

PERGUNTA: — Temos notado que o Esperanto é um idioma bastante simpático, pois além de ser aceito pelos espíritas, preferem-no também alguns sacerdotes católicos, adeptos do esoterismo, teosofistas e outros espiritualistas.

RAMATÍS: — A rota do Esperanto é a mesma do Evangelho, pois ambos se afinam. À medida que o homem se evangeliza, também se universaliza e, portanto, necessita de um idioma que corresponda com êxito e facilidade às suas avançadas aspirações por um melhor entendimento espiritual no mundo. Eis por que o Esperanto já possui cultores em todas as raças, credos, religiões e filosofias, embora devamos destacar que isso acontece porque se trata de pessoas que também são simpáticas e devotadas à melhoria da confraternização da humanidade. Esses esperantistas, pertencentes a diversos credos e filosofias, inegavelmente já constituem um fragmento da admirável humanidade fraterna do futuro, pois o Esperanto já está aferindo o grau dos seus sentimentos universalistas.

Os esperantistas, quer sejam adeptos ou não de qualquer crença, ou oriundos de qualquer raça, já se encontram distinguidos por significativa credencial espiritual, visto que na justeza da lei de que os "semelhantes atraem os semelhantes", as criaturas fraternas certamente serão inclinadas a adotar um idioma que vibre com os seus ideais também fraternos. Por isso elegem o Esperanto como a sua língua ideal e cultuam-no como o revelador dos seus sonhos de confraternização humana.

PERGUNTA: — Alguns confrades espíritas asseguram-nos que o Esperanto é um idioma instituído e protegido pelo Além porque talvez facilite as relações verbais entre a humanidade desencarnada do mundo Astral. Cremos que não há necessidade de se falar esse idioma no Espaço, ante o poder telepático dos desencarnados; não é assim?

RAMATÍS: — A comunicação pela telepatia é acontecimento natural apenas nas esferas espirituais mais altas e entre os desencarnados que já lograram o êxito de um bom desenvolvimento dos seus poderes mentais. Não tendes observado que, no vosso mundo, só possuem o poder telepático aqueles que o desenvolveram à custa de árida disciplina e tenaz esforço?

Conforme já vos foi explicado pelo irmão Atanagildo, nas colônias ou cidades astrais mais próximas da Terra é muito comum o intercâmbio verbal no mesmo idioma pátrio que os desencarnados usavam quando ainda permaneciam na matéria, pois essas comunidades espirituais se agrupam concentricamente sobre as cidades ou países terráqueos aos quais também melhor se afinam pelos seus velhos costumes e hábitos tradicionais.

Enquanto as coletividades astrais que se situam nas imediações do Brasil e de Portugal se dão ao uso da língua portuguesa, em outros agrupamentos afins a países terrestres fala-se o chinês, o árabe, o hindu, o germânico, o eslavo ou o francês. Os seus habitantes permanecem ainda impregnados de certo espírito racial e se ligam por isso aos continentes astrais de origem européia, americana, asiática ou africana, que supervisionam os seus movimentos e o progresso espiritual dentro dos princípios básicos da raça-mãe de que faziam parte na Terra.

Quase todos os espíritos recém-chegados da Crosta não podem se furtar, de princípio, ao velho hábito de articularem a palavra ou a ouvirem fisicamente articulada; embora ingressem noutros planos vibratórios sutilíssimos, ainda agem e reagem sob a mesma índole mental a que se condicionavam no mundo terráqueo. O entendimento exclusivamente telepático e capaz de dispensar o mecanismo verbal só desperta no Além para os desencarnados que já são donos de uma vontade positiva e forte, bastante experimentada no trato do mundo carnal. O milagre ainda é condição desconhecida no seio do Cosmo; qualquer faculdade psíquica, quer conquistada na Terra ou nos mundos espirituais, ainda é o produto de um grande esforço de auto-realização, e não um privilégio extemporâneo.

Eis porque, nas esferas astrais, o Esperanto não só facilita o intercâmbio entre os desencarnados que, em tarefas de aprendizado, visitam outros agrupamentos astrais de raças diferentes, como é o idioma que ainda favorece o psiquismo dos futuros reencarnantes, dotando-os com princípios verbais que os impelem à confraternização universal no mundo físico. A divulgação do Esperanto entre os espíritas será de muito auxílio em futuros trabalhos de comunicações mediúnicas, quando as entidades provindas de várias raças puderem se manifestar em qualquer setor de trabalho diferente do da sua pátria terrena. Entendendo-se através do Esperanto, os identificarão melhor, o que não conseguem perfeitamente quando devem se ajustar diretamente ao idioma pátrio do médium.

Os doutrinadores e os médiuns que conhecerem o idioma esperantista inegavelmente poderão prestar melhor serviço no intercâmbio com os desencarnados, pois a maioria destes ainda se escraviza mentalmente à articulação da palavra, ignorando o poder criador do pensamento que, após a desencarnação, pode dispensar os recursos pobres, próprios dos mundos materiais.

PERGUNTA: — Não será um tanto inoportuna a preocupação dos espíritas em aliarem aos seus esforços doutrinários a divulgação do Esperanto? Isso não deveria ser tarefa exercida exclusivamente por elementos especializados no assunto e como um movimento à parte do Espiritismo?

RAMATÍS: — Toda instituição, doutrina, credo ou movimentação espiritualista que aspire a unir e confraternizar os homens deve se obrigar à divulgação do Esperanto, pois num mundo onde a palavra falada ou escrita ainda é o principal agente de intercâmbio dos pensamentos humanos, o cultivo da mesma linguagem torna-se abençoado recurso para a mais breve fusão emotiva e sintonia psicológica entre as criaturas separadas pelas mais distantes latitudes geográficas.

O Espiritismo, como doutrina de caráter universalista, é divino fermento a aumentar todos os empreendimentos confraternistas; assim, cumpre-lhe incentivar todos os esforços humanos que tenham por objetivo a solidariedade e o entendimento entre os homens. Considerando que o Evangelho de Jesus é a mensagem espiritual definitiva para o homem alcançar o Caminho, a Verdade e a Vida, e o Esperanto a mensagem verbal que multiplicará entre os homens a oportunidade de evangelização, o Espiritismo pode se tornar um admirável traço de união entre ambos, porque a sua função também é a de renovar o espírito e proporcionar a Paz entre os homens.

PERGUNTA: — Podemos saber se os espíritas são os mais eletivos à linguagem universal do Esperanto?

RAMATÍS: — Os reencarnacionistas, e não só os espíritas, são os mais eletivos, pois certos de que as raças são condições provisórias e o mesmo espírito pode ter feito parte de todas elas em existências anteriores, torna-se mais fácil a eles afeiçoarem-se a um idioma de intuitos internacionais. E, como o Espiritismo é doutrina reencarnacionista e os seus adeptos são mais assíduos e objetivos num espiritualismo operante à luz do dia, afinam-se muitíssimo com o Esperanto, por ser linguagem para todos os homens de todas as classes.

Assim como o homem interessado em sua renovação espiritual volve suas simpatias para a linguagem elevada e amorosa do Evangelho de Jesus, que o sintoniza com as faixas vibratórias mais elevadas, a criatura de sentimentos universalistas também encontra no Esperanto o mecanismo adequado para a sua generosa expansão emotiva.

Tudo na vida se submete à consagrada lei de correspondência vibratória, a qual disciplina o ritmo propulsor de simpatia ou de antipatia, que se manifesta nas relações evolutivas da vida. Sob essa lei sideral inviolável, ou os homens se amam sob um padrão afetivo de mútua nutrição espiritual, ou então se odeiam sob a ação das próprias energias que se degradam. Há quem goste exclusivamente da luz para dar expansão ao seu júbilo interior, enquanto outros preferem as trevas para ambiente eletivo de suas emoções. Enquanto o beija-flor prefere a luz do Sol para se fartar no perfume das flores, o morcego, embora também seja alado, aguarda a noite tenebrosa para realizar os seus banquetes macabros. Assim também ocorre com a linguagem humana; enquanto o homem desbragado, fescenino e libidinoso aprecia o baixo calão para revelar a sua preferência interior pervertida, as almas educadas e espiritualizadas não só sentem repugnância ante o anedotário indecente, o palavreado ignóbil e a malícia irreverente, como também preferem o emprego de linguagem correta e elevada.

Enquanto há idiomas semelhantes a filigranas de arte sonora, que deixam no ar um sentido de poesia superior, outros apenas se revelam na forma de grossa algaravia, cuja confusão de vocábulos, que se atropelam aos golfões, mais se parece com seixos atirados em cavernas de cimento. Por isso o Esperanto, que foi codificado para interpretar os pensamentos humanos afinados à alta estirpe de uma ideia universal, é idioma de eleição entre os espíritas que sonham com um mundo melhor. É claro que nos referimos aos adeptos "universalistas" do Espiritismo, que consideram a Terceira Revelação como o divino fermento que renova, ou mesmo como técnica que modifica para melhor, mas nunca uma doutrina sectarista e transformada em nova verruga religiosa no corpo do Cristo, que é universal.

Capítulo 6

Zamenhof e o Esperanto

PERGUNTA: — O fato de Zamenhof nascer na Lituânia e haver descendido da raça hebraica não tem, porventura, ligação com um plano diretamente supervisionado pelo Espaço? Poderíamos crer que Zamenhof foi realmente um predestinado para desempenhar a missão de introduzir o Esperanto na Terra?

RAMATÍS: — Bastar-vos-á um pouco de reflexão para verificardes que o espírito de Zamenhof reencarnou na Terra exatamente no clima psicológico mais propício ao advento do Esperanto. Na época de seu nascimento, em meados do século XIX, sua pátria era palco de tal confusão de idiomas, que se poderia julgá-la um verdadeiro experimento prático de internacionalidade linguística. Afora os inúmeros dialetos falados na pequena Lituânia, não só predominavam ali quatro línguas principais e diferentes entre si, como ainda eram várias as crenças dos seus habitantes. Por causa do desentendimento contundente entre as próprias famílias, pois que os seus membros mais íntimos tanto divergiam em matéria de fé como no falar, sucediam-se inúmeros conflitos que acirravam velhos ódios e culminavam em lutas sangrentas. Era um mundículo estranho, alimentado por objetivos contraditórios e assaz caprichosos, constituído por um punhado de criaturas que se odiavam e hostilizavam, em virtude de não se ajustarem satisfatoriamente através de um idioma pátrio comum.

Aumentava a desconfiança e se difundia o sarcasmo religioso entre todos, pois, se num mesmo país, entre homens da mesma raça e relacionados por um único idioma, não se conseguem evitar conflitos e crimes resultantes da diferença de crença religiosa, imaginai o que ocorria na Lituânia, na época do nascimento de Luís Lázaro Zamenhof, quando existiam ali quatro idiomas principais, que só serviam para implantar antipatias e desordens entre os seus conterrâneos.

Esse conflito idiomático e religioso entre os seus compatriotas é que despertou no cérebro daquele estudante pobre e profundamente fraterno o ideal de uma língua internacional, capaz de ser um veículo afetuoso de entendimento humano entre todos os homens. Como se tratava de um espírito assaz evoluído, Zamenhof não cogitou de instituir um idioma neutro apenas para a Lituânia, que era sua pátria, dividida pelo linguajar dos judeus, polacos, russos e lituanos, e ainda algemada pelas suas contradições religiosas, que acirravam ódios irremovíveis entre todos. Mas ele, reconhecendo que a sua pátria tão contraditória era apenas a miniatura do próprio mundo onde viera reencarnar, refletia em que, se todos os homens pudessem compreender-se sob um mesmo idioma, ainda que se tratasse de uma língua nova, não seria difícil uma aproximação e confraternização afetuosa entre eles. Graças, pois, à tenacidade e ao sacrifício, aliados à pureza de intenção e ao ideal que sempre lhe inspirara os atos, o jovem estudante Zamenhof conseguiu desempenhar a contento, na Terra, a sua grandiosa missão.

PERGUNTA: — Os progenitores de Zamenhof também influíram para a realização desse ideal?

RAMATÍS: — Os mentores da "Missão Esperanto" proporcionaram a Zamenhof o ambiente doméstico e a necessária influência psicológica dos seus pais, a fim de que a semente adormecida no seu coração boníssimo pudesse ser preservada até o instante previsto para a sua divina eclosão. Marcos Zamenhof, pai de Luís Lázaro Zamenhof, encontrava-se sob a tutela russa; era um excelente pedagogo, homem prático, decidido e reto nos seus deveres profissionais; a sua passagem pela Lituânia foi marcada por uma conduta própria de um excelente cidadão regrado, útil e benfeitor à sua coletividade. Rosália Soler, sua esposa, filha de comerciante hebreu, era um espírito de graduação superior no Espaço, pois, além de mulher terna e mãe extremosa que foi para com o seu primogênito Luís, foi realmente quem cultivou no seu coração os rebentos de alta espiritualidade, que depois deveriam predominar na sua fase adulta. As importantes manifestações de zelo, e o critério de elevado teor espiritual bastante desenvolvido em Zamenhof, desabrocharam graças ao rigor paterno e à doçura e estímulos maternos; mesmo os quatro irmãos e as três irmãs de Luís não lhe causaram aborrecimentos nem com ele promoveram conflitos de ordem sentimental. A vida da família transcorria sob a atmosfera de austeridade imposta por Marcos Zamenhof e suavizada pelo espírito compreensivo e delicado de Rosália Soler.

Enquanto a terna Rosália acendia as luzes espirituais no coração de Luís, seu pai, enérgico, prático e sob a orientação do Espaço, modelava-lhe o caráter e impunha-lhe a disciplina tão necessária para que o seu idealismo frutificasse de modo positivo e lógico entre as dificuldades próprias do mundo material. Luís Zamenhof muito gozou, também, daquele magnífico "bom senso" que na Terra caracterizou a figura impressionante de Allan Kardec por ocasião da codificação do Espiritismo. Tanto quanto sucede com o Espiritismo, esse bom senso ainda é hoje, também, a garantia indiscutível da estrutura doutrinária esperantista, na qual a ordem e a lógica constituem as bases definitivas e as regras fundamentais. Naquele pequeno caos de desentendimento idiomático e de hostilidades religiosas, que era a Lituânia, Luís Lázaro Zamenhof instalou o seu arsenal de boa vontade, disciplina e coerência, extraindo, ao vivo, o material necessário para compor o magnífico idioma que há de ser, no futuro, o instrumento definitivo das relações verbais entre os homens terrícolas.

Marcos Zamenhof, seu pai, além de ser homem disciplinado, prático e professor emérito, aceitara a profissão de censor de imprensa, desejando assim aproveitar seus avançados conhecimentos de línguas estrangeiras. Isto ajudou-o muitíssimo a desenvolver-se para compor e editar em russo vários livros didáticos sobre geografia, e auxiliando-o também no desembaraço intelectual do seu primogênito, o que resultou para o filho em grande favorecimento para o estudo sensato das bases definitivas do futuro idioma internacional.

À semelhança do ocorrido com Allan Kardec, quando

codificava o Espiritismo, Luís Lázaro Zamenhof sempre esteve debaixo da supervisão coordenadora dos mentores e técnicos desencarnados do Além, impondo então a si aquela integridade de trabalho e honestidade de ação, que tanto enobreceram a estrutura básica do Esperanto.

Em verdade, foi ele um gênio que superou os mais difíceis obstáculos, e basta uma singela observação de sua vida abençoada para se poder comprovar que o seu caráter se firmou sobre três preciosos elementos, que foram do mais valioso préstimo à sua obra; Zamenhof herdara a inteligência e a energia do pai e o coração e a bondade da progenitora, mas também cunhara definitivamente, em si mesmo, as impressões do próprio lugar onde viera nascer, compondo, assim, a moldura precisa para a sua obra esperantista que, acima de tudo, é um importante objetivo de natureza espiritual.

PERGUNTA: — Zamenhof revelou desde cedo vocação para o Esperanto ou tudo foi produto de uma eclosão posterior, como, às vezes, ocorre na esfera da arte ou da ciência, quando se revelam gênios que antes viviam em completa obscuridade?

RAMATÍS: — Ele foi um eleito pelo Alto para essa missão, pois a sua vida foi sempre de uma dedicação incessante para com esse nobre ideal. Desde moço se pôs a observar a falta de compreensão, entre os polacos, russos, hebreus, alemães, cujas hostilidades, conforme já vos dissemos, geravam por vezes conflitos homicidas e requeriam até intervenção das autoridades para solucionarem as pendências sangrentas. Zamenhof percebeu a luta tenaz de cada grupo nacionalista, tentando impor o seu próprio idioma como língua oficial e de uso obrigatório em toda a região. Desses esforços dispersivos e egocêntricos se aproveitavam os mais hábeis políticos, e usufruíam vantagens pessoais, embora fazendo conluios vergonhosos com interesses estrangeiros e prejudiciais à sua comunidade. A preocupação partidária do nacionalismo feroz, que cada grupo defendia sem qualquer consideração aos prejuízos alheios, as contendas insolúveis ante a heterogeneidade de vários idiomas falados no mesmo agrupamento pátrio, terminaram comprovando a Zamenhof que só seria possível uma solução definitiva pela adoção de uma língua neutra, capaz de não ferir os brios patrióticos de nenhum daqueles povos adversos.

E ele acabou por admitir que o próprio mundo terreno não passava de outra Lituânia em grandes proporções, onde as nações se atritam e semeiam a confusão sob códigos verbais tão diferentes. Não lhe restava dúvida de que as soluções definitivas na esfera da cultura, da benemerência e da paz do mundo só seriam possíveis quando fossem compreendidos sob um único idioma de mútua confiança. Em consequência, o seu ardente ideal assumiu tais proporções que, de princípio, lhe parecia inconcebível, ante a necessidade de compor e espalhar um idioma que servisse a toda a humanidade. Mas ele não ambicionava criar uma língua neutra e nacional capaz de só atender aos problemas psicológicos e emotivos do povo de sua terra natal; seu sonho ampliava-se pelo desejo de conseguir a fraternal solução para todos os homens. Por isso, desde muito cedo revelou a vocação messiânica para essa realização extraordinária, que somente a humanidade futura poderá compreender em sua grandeza e benemerência, tendo de reconhecer com humilde reverência a vida missionária de Zamenhof, que foi dedicada sacrificialmente ao advento do Esperanto e à compreensão fraterna entre a humanidade terrena.

PERGUNTA: — Desde o princípio do seu trabalho Zamenhof já havia delineado essa admirável qualidade de síntese e simplicidade do idioma internacional?

RAMATÍS: — Zamenhof pôs-se primeiramente a estudar os meios de ajustar uma linguagem simples, lógica e sem perigo de abastardamento, mas bastante fluente para servir a todas as classes, culturas e dificuldades de entendimentos humanos. Pensava na possibilidade de compor um idioma que se pudesse transformar num elo afetuoso e sensato, servindo tanto à mais requintada cultura, como às mentes mais empobrecidas, acessível a todas as gentes e camadas sociais. Assim, ele esforçou-se para evitar que no futuro as bases do seu idioma viessem a exigir massudos compêndios de excessivo vocabulário, como é muito comum às demais línguas desde a sua evolução e aplicação. Preocupava-o imensamente não só essa probabilidade de sucessivo aumento e incorporação de vocábulos novos ao seu idioma, como ainda o desenvolvimento dos povos futuros e suas inevitáveis modificações, obrigando-o a melhor ajustar o Esperanto a todas as surpresas e imprevistos.

Mas os seus elevados mentores assistiam-no sempre e velavam por seus ideais santificantes pois, à noite, quando ele se afastava do corpo físico, durante o sono benfeitor, eles aconselhavam-no sobre o que devia fazer de mais sensato. É por isso que no desenvolvimento do Esperanto sempre permanece admirável segurança iniciática tão bem disciplinada por Zamenhof, pois, embora aumente a necessidade filológica dos homens, persiste miraculosamente a qualidade inata desse extraordinário idioma fraternal. Só, a supervisão do Alto é que realmente poderia orientar o jovem estudante a entrosar tão sabiamente as raízes idiomáticas do Esperanto, que ainda hoje se afiguram o indestrutível alicerce de garantia contra quaisquer inovações e excentricidades.

PERGUNTA: — Quais seriam as sugestões que os mentores espirituais teriam dado a Zamenhof, durante a sua vida carnal, para que se pudesse acertar tão logicamente com o objetivo de compor um idioma internacional? Gostaríamos de conhecer quais as primeiras providências tomadas pelo Espaço, nesse sentido.

RAMATÍS: — Inegavelmente, Zamenhof era um espírito genial e capaz de realizar na Terra quaisquer outras missões semelhantes à que lhe coubera para o advento do Esperanto, e por esse motivo entregou-se logo aos objetivos superiores que haviam sido traçados pelos seus mentores espirituais.

Como era sumamente observador, qualidade esta que ainda mais se aprimorou sob a disciplina paterna, não tardou em verificar que as principais dificuldades para um entendimento verbal fraterno entre os homens residiam, principalmente, no uso de excessivo vocabulário sempre em crescimento e cada vez mais exaustivo. Então, em suas horas de reflexões importantes, os mentores espirituais puderam insuflar-lhe a ideia de que devia aproveitar os afixos e transformá-los em temas iniciáticos de uma língua neutra, os quais seriam então de mais fácil memorização e se tornariam as bases fixas e desejada garantia para a criação de outras palavras indispensáveis.

Bastante esclarecido pelo conhecimento de inúmeros dificuldades de línguas estrangeiras que havia aprendido com o seu progenitor, Zamenhof entregou-se afanosamente ao trabalho, vislumbrando o louvável e genial processo de reduzir satisfatoriamente a extensa quantidade de vocábulos comuns exaustivamente utilizados em cada idioma. Dedicando-se a estudar os afixos já existentes nos principais idiomas falados, conseguiu então compor o "sistema de afixação", que é uma das mais preciosas glórias do Esperanto, submetendo-o à disciplina de suas dezesseis regras fundamentais.

Muitas vezes, em suas reflexões, pudera observar que a língua inglesa já apresentava um sistema particular, fixo, através de certas regras fundamentais, o que muito o ajudou na composição do Esperanto e do que, mais tarde, resultou certa semelhança entre as regras de ambos os idiomas.

PERGUNTA: — Durante o desempenho de sua missão, Zamenhof encontrou sempre favorecimento para o êxito de sua obra tão útil à humanidade? Supomos que seu progenitor tenha sido um dos seus mais devotados colaboradores; não é assim?

RAMATÍS: — Quase ao completar vinte anos de idade, Zamenhof recebeu entusiástica adesão dos seus colegas de Liceu, ao expor o seu projeto de uma língua auxiliar, que ele denominava de "nobre causa" e assegurava tratar-se de duradouro e valioso benefício à humanidade. Entretanto, à semelhança do que é muito comum suceder aos homens que se sacrificam pelo advento de um mundo melhor, ele também não tardou em ficar sozinho com os seus entusiasmos e ideias elevadas, curtindo tanto os sarcasmos e as consequências das descrenças alheias, como sofrendo forte hostilidade daqueles que nutriam interesses inconfessáveis no seio da confusão de sua pátria. Inúmeras vezes fora assaltado pelo desânimo, e só a permanente assistência do Alto, que supervisionava a sua espinhosa missão, impediu-o de reduzir os seus esforços e deixar-se abater ante a excessiva descrença e ironia humana, quase privando o vosso orbe desse grandioso benefício linguístico que, no futuro, se tornará um dos mais fortes elos da sonhada confraternização humana.

E ainda um fato doloroso obrigou-o a perder o seu jubiloso entusiasmo quando exatamente já previa o primeiro sucesso esperantista conduzido pela sua vontade férrea: o progenitor de Zamenhof — que ainda exercia sua autoridade severa sobre o filho — influenciado por outros pedagogos e amigos da família e temendo que o jovem estudante de vinte primaveras adoecesse por excesso de trabalho, ou então ficasse perturbado no uso da razão e viesse a prejudicar os seus estudos médicos, exigiu-lhe o abandono definitivo do temerário projeto de compor uma língua neutra e de natureza internacional. O jovem Luís, embora considerando que o seu verdadeiro motivo de viver residia fundamentalmente naquele ideal sonhado desde tenra idade, mais uma vez se revelou obediente no seu caráter íntegro e humilde; aceitou a imposição paterna e abandonou os seus apontamentos sobre o idioma neutro, que ficaram esquecidos por algum tempo.

PERGUNTA: — Acreditávamos que o pai de Zamenhof — por se tratar de criatura de grande cultura e conhecedor abalizado das dificuldades de outros idiomas pátrios — devesse ser um dos mais entusiastas colaboradores do filho, sentindo a grandeza, a lógica e a necessidade de um idioma internacional. Não deveria ser assim?

RAMATÍS: — Muitas vezes o que significa para vós impedimento ou intervenção indébita do "destino" a dificultar objetivos e ideais elevados pode-se constituir num elemento criador ou no "fogo sagrado" das elevadas realizações espirituais, que tanto beneficiam a humanidade e promovem a felicidade dos seres. Enquanto o jovem Zamenhof, durante o trabalho para atingir o seu grande ideal, era reanimado em suas decepções cotidianas pela doçura da progenitora, através de seu pai severo eram-lhe aguçadas as arestas do intelecto, e assim iam ficando ajustados os elementos práticos e indispensáveis, que deviam firmar a sensatez e a lógica, que ainda são as mais valiosas garantias do sucesso do Esperanto.

Aconteceu, então, que tendo Zamenhof, por ordem paterna, seguido para Moscou, a fim de acelerar os seus estudos de Medicina, quis o destino que, após dois anos, ele devesse retornar à terra natal, pela insuficiência de meios financeiros para manter-se na capital russa, e assim teve de continuar os seus estudos na Universidade de Varsóvia. Mas, assim que tomou contato com o seu ambiente pátrio e familiar, sentiu-se novamente invadido por intenso entusiasmo, que lhe despertou ainda com mais veemência a antiga ideia de compor o sonhado idioma que servisse fraternalmente para o uso de todos os povos da Terra. Reconheceu, então, sem qualquer dúvida, que aquilo representava sua vida, os seus sonhos mais puros e o seu ideal mais perfeito. No entanto, debaixo de atuação sábia e inescrutável decisão dos mentores espirituais desencarnados, o pai de Zamenhof, temendo o desequilíbrio da razão do jovem filho, já havia destruído todos os seus cadernos, manuscritos e apontamentos que ainda pudessem auxiliá-lo na recomposição ou na reestruturação do projetado idioma.

PERGUNTA: — Não podemos aquilatar como sensata essa intervenção dos espíritos mentores, na obra de Zamenhof, chegando ao ponto de inspirarem o seu próprio pai a destruir apontamentos valiosos e imprescindíveis ao êxito do idioma. Podeis nos explicar onde se encontra a lógica desse ato, que nos parece tão atrabiliário?

RAMATÍS: — Como Luís era dotado de excelente memória, a destruição dos seus cadernos de apontamentos trouxe-lhe um benefício que só posteriormente se pôde avaliar; o pai havia destruído muita coisa supérflua e que, se fosse revista mais tarde, só causaria dificuldade ao jovem estudante para escoimá-las de erros e furtar-se à tentação de um aproveitamento inútil. Acresce ainda que, pela necessidade de Luís rever mentalmente os escritos destruídos, isso favoreceu-lhe a eclosão de novos raciocínios e descobertas filológicas mais geniais.

Recorrendo à sua valiosa memória, ele conseguiu reconstituir com mais precisão muitos elementos essenciais ao seu trabalho, pois é comum, em nossas evocações mentais, identificarmos os assuntos mais importantes do passado, enquanto o supérfluo fica olvidado na câmara do cérebro. Então ele deixou-se tomar definitivamente pela força do seu ideal messiânico; isolou-se do público e entregou-se a intensivo trabalho por mais de seis anos, e nesse tempo evitou até as imprescindíveis relações sociais, as diversões ou quaisquer outros desperdícios de horas úteis nos ambientes exteriores. A destruição dos seus cadernos afastou a sua atenção de muitos detalhes e elementos inúteis que, assim, não lhe atravancaram o labor exercido nos seis anos seguintes. Submetendo-se ao exaustivo trabalho de avaliar quais as distorções, prejuízos ou deformações que a "teoria" da língua pudesse causar, quando transferido para a vida prática do mundo, ele corrigiu e substituiu fórmulas, ajustou palavras e provou-as, cotejando-as sob todos os módulos imagináveis da voz humana.

Em face dessa heróica dedicação, o Além vibrou de júbilo, comoveram-se as entidades laboriosas e benfeitoras que haviam atuado incessantemente sobre o espírito de Luís Lázaro Zamenhof, assim como se fizeram ardentes vaticínios para a mais breve ventura espiritual da Terra, sob a dádiva abençoada de um idioma internacional. Muitas manifestações jubilosas se registraram entre os núcleos, departamentos e instituições de Esperanto sediadas no mundo Astral e circunvizinhanças do vosso globo, pois graças à tenacidade e à genialidade do jovem Zamenhof, a criatura terrena já contava com o divino elo verbal de entendimento fraterno, podendo aplainar o caminho para o advento mais breve da telepatia, assim como integrar-se ao Evangelho de Jesus. O Esperanto estava pois estruturado de uma forma tão escorreita e sensata, que o seu êxito e sua integridade ultrapassaram as próprias previsões dos seus mentores do Além.

PERGUNTA: — Em seguida ao advento do Esperanto, Zamenhof dedicou-se exclusivamente a esse seu propósito tão ardentemente sonhado?

RAMATÍS: — Depois de haver se diplomado como médico aos 26 anos de idade, Zamenhof iniciou a sua sacrificial missão de curador, necessária ao seu próprio sustento, porque então já se havia casado com Clara Zilbernil. Seu sogro financiou a edição de sua primeira gramática esperantista, com as dezesseis regras fundamentais ao idioma, a qual, além de um vocabulário auxiliar, constituído por quase um milheiro de radicais, ainda continha o "Padre Nosso" e alguns versos.

Esse homem tão nobre aliava ainda à sua genialidade um generoso coração, pois, quando exercendo a profissão médica, não cobrava dos clientes que faleciam, assim como se recusava a receber dinheiro daqueles que não conseguia curar ou sequer aliviar os padecimentos. Embora fosse o editor das próprias obras esperantistas, renunciou sempre a todos os seus direitos, assegurando que "uma língua internacional dispensava proprietário, por se tratar de um idioma de propriedade comum". Realmente, tratava-se de um espírito de elevadíssima graduação no Espaço, pois Zamenhof, em vidas pregressas e no cumprimento de outras tarefas benfeitoras no campo linguístico e da filosofia, já havia deixado outras réstias de luz no vosso globo.

Graças a esse elevado grau de renúncia, retidão de caráter e cristalinidade espiritual, foi possível aos mentores espirituais cimentarem o Esperanto como um idioma fraterno, pois realmente ele traz em seu conteúdo as vibrações amorosas do seu criador, que foi um espírito puro e essencialmente tolerante. O amor de Zamenhof para com a humanidade, e a sua abnegação em servir aos seus próprios detratores, impregnaram a língua Esperanto de uma vibração psíquica de ternura espiritual tão sensível, na sua expressão idiomática, que a maioria dos seus simpatizantes é atraída por essa aura de bondade que foi a marca predominante do seu grande missionário.

Este é um dos motivos por que os espíritos superiores transmitem continuamente para a Terra o slogan de que "O Esperanto é o Evangelho das línguas", pois Luís Lázaro Zamenhof ainda adicionou ao seu magnífico trabalho linguístico as suas próprias vibrações de ternura, humildade e devotamento, lembrando os sublimes preceitos que inspiraram o próprio Evangelho de Jesus. Eis por que não lograram êxito outros idiomas e experimentações semelhantes, inclusive o "Volapuk" de Schleyer porque, além do seu visível artificialismo, complicações e arbitrariedades idiomáticas, faltavam-lhe a singeleza e o "dom" de simpatia espiritual, que emana continuamente do linguajar terno do Esperanto.

PERGUNTA: — Zamenhof chegou a gozar, ainda em vida, a glória e o júbilo de sua obra tão notável?

RAMATÍS: — O abnegado Doutor Zamenhof terminou seus dias vivendo sob a mais admirável modéstia e, tanto foi o seu incondicional amor ao próximo, que mereceu o apelido popular de "Médico-Providência", ficando assim definitivamente consagrado entre os homens de boa vontade e de bons sentimentos. Ele mesmo traduziu depois muitas obras para o Esperanto, inclusive a Bíblia Sagrada, Efigênia, Hamlet e outras.

Em princípios deste século, o Esperanto logrou o êxito desejado, e os próprios cientistas auxiliaram muitíssimo a sua divulgação, quando o reconheceram como um idioma perfeito e emancipado para entendimento de todos os povos. A França, que já fora a pátria de Allan Kardec e comumente o berço da civilização moderna, mais uma vez glorificou a dádiva do Esperanto à humanidade terráquea quando, no ano de 1905, em Boulogne-sur-Mer, promoveu o primeiro congresso esperantista. Zamenhof, que ainda pôde estar presente àquele elevado conclave, viveu dias de júbilo e sentiu-se compensado do seu heróico esforço e renúncia a favor do idioma. Enquanto isso, as flâmulas tremulavam ao vento, e a insígnia esperantista, da cor esverdeada e simbólica da esperança por um mundo melhor, se ostentava nas lapelas, parecendo anunciar o advento da confraternização do verbo humano.

Zamenhof deixou o vosso mundo em abril de 1917, tendo vivido 57 anos; o seu ingresso no Espaço foi através de imensurável esteira de luz balsamizada dos mais suaves perfumes das altas regiões celestiais, enquanto inefáveis vozes cantavam a glória imortal de ter sido ele o sublime mensageiro do mecanismo verbal para a mais breve aproximação entre os povos terráqueos. Seu corpo ainda dormia sereno no esquife forrado de rosas e palmas simbólicas; as insígnias do mundo ainda cercavam a sua derradeira morada física, mas o seu espírito já gozava a alegria imortal de ter cumprido fielmente o mandato celestial, pois o seu organismo de carne nada mais fora do que um glorioso instrumento de convocação ao verbalismo internacional e cristão do orbe. Ele pudera escrever, na superfície da matéria densa, o mais belo poema linguístico da confraternização humana, cuja limpidez, beleza e ternura merecem que se as compare, em símbolo e virtude, ao doce Evangelho de Jesus, pois o que este ensina e recomenda poderá agora ser transmitido ao coração e ao cérebro de todos os homens sob as asas de ternura verbal do Esperanto. Sem dúvida, pois, "O Esperanto é o Evangelho das línguas".

Por trás dos quadros das moléstias que assolam a humanidade, permanece um elo comum que só pode ser entendido quando se integra ao ser humano adoecido o componente invisível originário de seu corpo físico: o espírito imortal, que pensa e sente – e, nesse processo, utiliza e condensa energias indestrutíveis que irão construir a saúde e a enfermidade de seus corpos.

Os veículos milenarmente conhecidos como corpo mental e corpo astral são os níveis de energia onde é preciso buscar a razão para a doença vir "de dentro para fora e de cima para baixo", como sibilinamente postulou Samuel Hahnemann, o genial mentor da Homeopatia.

Este livro é um excerto temático retirado da obra ***Fisiologia da Alma***, ditado por Ramatís ao médium Hercílio Maes. Nele, Ramatís desvenda o mecanismo oculto que desencadeia, a partir dos corpos sutis do ser humano, as enfermidades do corpo físico. A origem e causa das moléstias, detida pelo conhecimento iniciático milenar, é transposta em linguagem acessível, com a peculiar profundidade e clareza, que nada deixam por explicar, dos textos de Ramatís.

Esse mecanismo oculto e automático da física transcendental, que preside aos processos orgânicos, é a chave para a compreensão definitiva do binômio saúde-enfermidade, e irá pautar os novos horizontes da Medicina do terceiro milênio, assim que as dimensões suprafísicas passarem a integrar o seu campo de pesquisa.

Integram este texto os capítulos que tratam da etiologia oculta, raízes cármicas, tratamento e cura do câncer, analisados desde sua verdadeira origem no "mundo oculto" das causas.

A MISSÃO DO ESPERANTO
foi confeccionado em impressão digital, em julho de 2025
Conhecimento Editorial Ltda
(19) 3451-5440 — conhecimento@edconhecimento.com.br
Impresso em Luxcream 70g, StoraEnso